Friedrich Krauss · Paestum – die griechischen Tempel

W0177583

Gebr. Mann studio-Reihe

FRIEDRICH KRAUSS

PAESTUM –
DIE GRIECHISCHEN
TEMPEL

Mit einem Vorwort von G. Gruben und einem Beitrag von D. Mertens

GEBR. MANN VERLAG · BERLIN

CIP-Kurztitelaufnahme der Deutschen Bibliothek

Krauss, Friedrich:
Paestum — die griechischen Tempel/
Friedrich Krauss. Mit e. Vorw. von G. Gruben u. e. Beitr.
von D. Mertens. — 5. Aufl. — Berlin : Mann, 1984.
(Gebr.-Mann-Studio-Reihe)
ISBN 3-7861-2242-3

5. Auflage 1984, unveränderter Nachdruck
der 3. Auflage
Copyright © 1976 by Gebr. Mann Verlag, Berlin
Alle Rechte vorbehalten
Druck Franz Spiller, Berlin
Printed in Germany
ISBN 3-7861-2242-3

INHALT

VORWORT

Die drei aufrechtstehenden Tempel von Paestum haben das Verständnis griechischer Architektur erschlossen, seit Winckelmann sie 1759 beschrieb, seit Piranesi sie 1774 zeichnete und seit Goethe ihnen 1787 begegnete. Die drei überwältigenden Bauten sprengten die klassizistisch geprägte Vorstellung von den ästhetisch ausgeglichenen »Säulenordnungen«; sie konfrontierten die Zeitgenossen mit der plastischen Kraft einer originalen Baukunst, die in ihrem historischen Zusammenhang erst seit dem 19. Jahrhundert schrittweise entdeckt wurde. 1899 erschien das grundlegende Werk »Die griechischen Tempel in Unteritalien und Sizilien« von Koldewey und Puchstein.

Eine neue Stufe der Erkenntnis wurde erschlossen, als Friedrich Krauss 1932 eine exakte Vermessung und Untersuchung der drei Monumente begann, durch die nicht nur die gesicherte Rekonstruktion der zerstörten oder abgetragenen Teile, sondern darüber hinaus das Eindringen in die Gesetzmäßigkeiten des Entwurfs und der Proportionierung dieser einzigartigen Bauwerke ermöglicht wurde. Aus dieser Arbeit ist eine Lebensaufgabe geworden; nach einer Reihe von Einzelstudien erschien 1959 der erste Band der Gesamtpublikation der Tempel von Paestum, »Der Athenatempel«; zwei weitere Bände sind in Vorbereitung.

Aber schon 1941 legte Friedrich Krauss eine zusammenfassende Darstellung seiner Ergebnisse und Einsichten vor. Dieses Buch »Paestum, die griechischen Tempel«, während der Jahre des Unheils in kleiner Auflage gedruckt, ist ein großer Wurf. Die Tempel werden beschrieben mit jener »erleuchteten Kürze«, mit jener Angemessenheit der Darstellung, die Winckelmann forderte. Die klare Beschreibung des Bauwerks wird zum Nachvollzug und zur Deutung des Kunstwerks. Die Untersuchung des Formenaufbaus führt zu einem neuen Verständnis der griechischen Architektur, die nicht länger als starres Formsystem, sondern als vollendeter Ausdruck abgestimmter Bewegungen und Kräfte begriffen wird. »Den Stoff sieht jedermann vor sich, den Gehalt findet nur der, der etwas dazu zu tun hat, und die Form ist ein Geheimnis den meisten« (Goethe, Maximen und Reflexionen). Die drei Tempel bezeichnen mit erstaunlicher Verbindlichkeit drei Entwicklungsstufen der griechischen Baukunst.

So ist dieses Buch zur Grundlage jeder ernsten Beschäftigung mit griechischer Architektur geworden, obwohl es seit zwei Jahrzehnten zu den Raritäten der Antiquariate gehört. Eine Neuauflage war seit langem erforderlich. Der Verfasser hat endlich dem Drängen von Freunden und Schülern nachgegeben und zugestimmt, daß der Verlag eine Studienausgabe herausbringt. Am Text wurde dabei kein Wort geändert, denn die wesentlichen Aussagen haben ihre Gültigkeit erwiesen.

Die Forschung in Paestum ist inzwischen, nicht zuletzt durch Friedrich Krauss selbst, weitergeführt worden. Neue Ausgrabungen italienischer Archäologen haben die Bezirke der Tempel und ihre Dedikation geklärt. Die »Basilika« war der Hera geweiht, der »Poseidontempel« wird Hera oder Zeus zugeschrieben und im »Cerestempel« ist Athena verehrt worden. Über diese neuen Resultate gibt ein Anhang von Dieter Mertens Auskunft.

Gottfried Gruben

EINFÜHRUNG

Mehr als in irgendeinem Land ist in Italien die Geschichte lebendig. Nicht als wären die anderen Länder des Mittelmeeres arm an Ereignissen welthistorischer Tragweite, sie sind im Osten sogar früher von geschichtlichem Leben erfüllt gewesen. Aber nur in Italien besteht über alle Wandlungen hin, auch über Zerstörung, Verödung und neue Besiedlung weggreifend eine Kontinuität, die Altertum und Gegenwart miteinander verknüpft. Nur hier konnten die Epochen der abendländischen Geschichte sich zu einer spürbaren Fortwirkung verweben, weil Rom der unmittelbare und benachbarte Erbe der griechischen Kultur und in der heidnischen wie in der christlichen Periode der Mittelpunkt der Welt war.

Einheitlicher als in Griechenland ist der Aufbau des Landes in Italien, weniger ausgeprägt sind die Grenzen seiner Landschaften. Dennoch vollzieht sich in den sanfteren Übergängen von Nord nach Süd eine gewaltige Wandlung. Erst am Golf von Neapel begegnet der Reisende wirklich südlichem Leben, erst an der Spitze des Festlandes und in Sizilien der vollen Helle des weißen Lichtes. In diesem Licht wird alles Körperliche so sichtbar, daß auch das Entfernteste greifbar nah zu sein scheint, und zugleich wird durch seinen Glanz jede Schwere aufgehoben, so daß alles bildhaft wird und einen verlockenden Zauber erhält. Der Schimmer des Meeres liegt über der ganzen Landschaft und wird zu ihrem Geist, durch den sie stärker dem griechischen Inselgebiet als dem nördlichen Festland zugehörig erscheint. Es überrascht daher gar nicht, daß die wichtigsten Kolonien der Griechen gerade dort entstanden und die glänzenden Namen ihrer Städte an diesen Küsten dicht gereiht sind bis hinauf nach Neapel.

Viele Völkerschaften waren seit den Wanderungen der Urzeit schon seßhaft in Italien, als die Griechen im achten Jahrhundert begannen, die südlichen Küsten des Festlandes und Siziliens kolonisierend in Besitz zu nehmen. Es ist das gleiche Jahrhundert, in welchem der Sage nach Rom gegründet wurde. Aber während die Stadt Rom, im engsten Umkreis beginnend, langsam und stetig ihr Gebiet und ihren Einfluß erweiterte, vollzog sich die Besiedlung durch die

Griechen in *einem* großen Anlauf. Jeder der drei Zweige des griechischen Volks-
stammes war an den Gründungen beteiligt: Dorer, Jonier und Achäer. Bald
wirkte das neue Leben tief ins Land hinein, die einheimischen Völker helleni-
sierend und die alte Heimat an Reichtum und Regsamkeit überflügelnd. Aber
wie das Leben sich in diesen Kolonien entwickelte, wuchsen auch die Ansprüche
und Interessen der einzelnen Städte, und es entstanden in dem dicht besiedelten
Gebiet die heftigsten Fehden, in deren Verlauf die Kolonien viel von ihrer an-
fänglichen Macht wieder einbüßten. Manche Stadt verlor ihre Freiheit oder
wurde vollständig zerstört, wie das reiche Sybaris, manche erlag sogar den alten
italischen Einwohnern, noch bevor Rom in ihrem Gebiet seine Herrschaft auf-
richtete, wie Paestum. Aber aus der frühen Zeit des Reichtums und der Macht
und des Bewußtseins nationaler Einheit blieb diesem westlichen Griechengebiet
für immer der Name Η ΜΕΓΑΛΗ ΕΛΛΑΣ, Großgriechenland.

Wie ganz Italien, mußte auch Großgriechenland im römischen Reiche auf-
gehen. Es kam für die Städte der Augenblick, wo sie in den latinischen Bund
eintraten und späterhin römische Kolonien aufnahmen. Durch Zuzug änderte
sich die Bevölkerung, durch Umbauten oft das ganze Gesicht einer Stadt. Aber
trotz der Dauer seiner Herrschaft, trotz der Vereinheitlichung in Recht und
Gewohnheit, eines wurde auch durch das römische Imperium nicht verwandelt:
die geheimnisvolle Übereinstimmung von Leben und Landschaft in Italien.

Bei Neapel berühren sich die Mitte Italiens und der Süden. Sanft zum Meer
abfallende Höhen und ein niedriges Vorgebirge leiten nordwärts mehr hinüber
in das benachbarte Gebiet von Capua, als daß sie die Bucht abschlössen. Süd-
wärts, am weiten Teil des Golfes, ist die felsige Halbinsel von Sorrent eine
betontere Grenze, deren Formen, von einem vielfältigen Spiel zarter Farben
gemildert, auf etwas anderes hinter den Bergen deuten. Und wirklich: über-
schreiten wir das Vorgebirge an seiner Wurzel, so treten wir in ein neues Land
ein. Weiträumiger wohl als in Griechenland, aber in sich beruhend wie die
Landschaften dort, liegt eine Küstenebene vor uns, von Bergen in weitem Halb-
kreis umgeben, ihr Strand das Ufer einer großen Meeresbucht. Es ist der Golf
von Salerno, der alte Sinus Paestanus. Bis hierher reichte von Süden das
geschlossene Siedlungsgebiet der Griechen, am Golf von Neapel lagen noch
einzelne ihrer Städte. Inmitten dieser Ebene liegt Paestum, das griechische
Poseidonia, und gleich hier treffen wir auf drei wunderbar erhaltene griechische
Tempel, so erhalten, daß man an ihnen das Wesen griechischer Baukunst unmittelbar zu begreifen vermag. In weitem Umkreis sind die Tempel noch von

der Stadtmauer des Altertums umgeben. Diese stammt freilich keinesfalls in ihrem ganzen Verlauf aus der Zeit der Tempelbauten, aber ihr heute noch geschlossener Ring gibt uns eine Vorstellung von der Größe der alten Stadt, und das starke Quaderwerk von Mauerzug und Türmen ist in seiner echt griechischen Erscheinung die würdigste Umhegung des Gebietes, in dem die Tempel stehen.

Das achäische Sybaris am Golf von Tarent gründete gegen Ende des 7. Jahrhunderts an der Westküste die Stadt Poseidonia als Stützpunkt für seinen Handel durch Lucanien. Zwei Jahrhunderte hindurch erhielt Poseidonia sich griechisch, dann fiel es unter die Herrschaft der einheimischen Lucaner, und Aristoxenos von Tarent berichtet später, daß die Bewohner sich alljährlich zu einem Trauerfest versammelten, bei dem sie klagend zueinander von den früheren Zeiten redeten und die Götter mit ihren alten Namen anriefen. Von der griechischen Stadt stammen möglicherweise die ältesten Teile der Stadtmauer, die als solche aber nicht erkennbar sind, sonst sind einzig die Tempel erhalten. Jetzt ist das Stadtgebiet fast ganz von Feldern bedeckt, und nur an einer von Norden nach Süden hindurchführenden modernen Straße stehen einige Gebäude. In jüngster Zeit sind Ausgrabungen vorgenommen worden, aber was zutage gekommen ist – Straßen, Hausmauern und der Marktplatz –, gehört der späteren Zeit nach 273 v. Chr. an, als die Stadt latinisch und schließlich um 90 v. Chr. römisch geworden war.

Von dem Aussehen altgriechischer Städte kann man sich heute durch Ausgrabungen an den verschiedensten Orten ein Bild machen. Kleine, schlichte Wohnhäuser an schmalen Straßen, von denen einzelne als Hauptstraßen wohl breiter durchgeführt, sonst aber in keiner Weise besonders ausgezeichnet waren. Inmitten der Stadt die Agora, der Marktplatz. In alten Städten folgten die Straßen und Gebäude dem Gelände oder solchen Wegen, die zu Beginn der Besiedlung schon bestanden, andere Quartiere schlossen sich an, und die Stadt wuchs in natürlicher Weise ohne festen Plan. Durch die griechische Kolonisation des 7. und 6. Jahrhunderts wurden aber in unablässiger Folge neue Städte gegründet, und es mußte sich ein praktisches Verfahren herausbilden, welches die Anlage einer Stadt nicht mehr dem Zufall und der Willkür überließ. Man begann seit dem 5. Jahrhundert, das Stadtgebiet planmäßig aufzuteilen: Häuserblöcke gleicher Größe wurden zwischen geraden, sich rechtwinklig kreuzenden Straßen abgesteckt, und auch der Marktplatz, die Heiligtümer und öffentlichen Gebäude wurden in diesen Plan eingefügt. Jede Stadt war von einer starken

Mauer umschlossen, deren Verlauf in bergiger Lage dem Gelände angepaßt wurde, wie es für die Verteidigung am günstigsten erschien, oft ein viel größeres Gebiet als das bewohnte umziehend. Der Hafen, ursprünglich nichts anderes als ein zum Landen geeigneter Strand, blieb immer außerhalb der Befestigung, durch welche ein Tor zu ihm hinausführte, hier in Paestum die Porta marina. Auch die Gräber lagen draußen vor den Toren längs der Straßen, und nur einzelne Gräber durften zur besonderen Ehrung des Toten in der Stadt errichtet werden.

In solchen Städten waren die Tempel die einzigen überallhin sichtbaren Bauten, für den Blick aus der Ferne überragten nur sie die Stadtmauer bedeutend. Auch in Bergstädten, wo die Wohnhäuser übereinander gestaffelt die Abhänge besetzten, blieb das Auge auf den Tempeln haften, weil nur sie groß und nach außen reich gegliedert waren. Aber diese Größe überschreitet nicht bestimmte Grenzen und steht immer in maßvollem Verhältnis zu den Formen der umgebenden Landschaft. Hier besteht nicht wie bei den Türmen unseres Mittelalters eine im Gegensatz begründete Spannung zwischen Gebäude und Ebene oder Hügelland. Der griechische Tempel bleibt in seinem Wesen ein Haus aus Wänden mit Giebeln und Dach, aber in ihm ist die plastische Kraft der südlichen Landschaft gesammelt, gestaltet und vergeistet.

Nicht jedes griechische Heiligtum besaß einen Tempel, denn die Opfernden versammelten sich am Altar im freien Raum des heiligen Bezirkes. Nur wo zum Kult ein Kultbild gehörte, war ein geschlossener Raum notwendig, in dem es aufgestellt wurde. Der Kern des Tempels ist daher stets ein einfaches Gemach, die Cella, und in zahlreichen kleinen Heiligtümern blieb der Tempel überhaupt auf sie beschränkt. Der Innenraum hatte nur das Bild und einige der kostbarsten Weihgeschenke zu bergen, von den zu Fest und Opfer Versammelten traten nur die Priester und vielleicht Einzelne zu besonderen Zeremonien ein. Die Tür lag im Hintergrund einer mäßig tiefen Vorhalle, die von den Anten, das sind die Stirnpfeiler der Seitenwände, und von Säulen getragen wurde. Durch diese offene Säulenfront und die große Tür empfing der Innenraum sein Licht, die Wände waren ringsum geschlossen.

Aber unsere Vorstellung von griechischen Tempeln ist nicht durch diese schlichten Cellen geprägt. Mag in ihnen die Urform der Tempel noch fortleben, sie genügte schon in frühester Zeit den Griechen aller Stämme nicht, um der Gottheit ein würdiges Haus zu errichten. Nicht dem Innenraum galt die Sorge — er blieb in seinem Wesen stets die einfache Kammer, auch wenn bei großen

Tempeln durch innere Stützen die Aufteilung in zwei oder drei Schiffe nötig war. Das Äußere, weithin sichtbar, sollte das Auge erfreuen und den Gott zum Verweilen im Heiligtum einladen. Der Typus des Tempels lag frühzeitig fest: die Cella wurde rings mit Säulen umgeben, die Gebälk, Giebel und Dach trugen. Das Wesen des Tempels als Haus blieb sich gleich, hier gab es nichts zu erneuern oder zu erdenken, aber in Jahrhunderte währendem Bemühen wurde seine Gestalt zur Vollendung geführt.

Mancher griechische Tempel stand auf einem in der Landschaft so hervortretenden Punkt, daß seine Ruine noch zu dem Glauben verleitet, die Erbauer hätten diese Stelle eigens um ihrer Schönheit willen ausgesucht. Ein Poseidontempel auf vorgeschobener Klippe am Meer, der Tempel einer Inselgöttin auf bewaldeter Höhe über dem Strand, ein Heiligtum der Stadtgöttin auf dem Burgfelsen, das sind Plätze, an denen die Herrschaft der Gottheit über ihr Reich unmittelbar sinnfällig ist. Aber nicht die Schönheit des Ortes entschied seine Wahl, sondern seine schon früh vollzogene Heiligung. Denn wir kennen viel mehr solcher Fälle, wo die Tempel gerade nicht auf den ausgezeichneten Punkten errichtet waren: Eine Quelle zog ein Heiligtum in eine Talmulde herab, neben welcher ein niedriger Hügelrücken weithin das Meer überschaute, und gerade die Burgberge der Städte trugen sehr oft keine Tempel. Und die Stadttempel selbst: Sie waren doch die zahlreichsten und mußten innerhalb der Mauern stehen und waren späterhin in den regelmäßigen Städten sogar fest in den Plan eingefügt und entgegen ihrer üblichen, durch den Kult bedingten Ost-West-Richtung in ihrer Richtung an die Straßenzüge gebunden. Es ist wohl die allem Griechischen innewohnende innere Richtigkeit, die doch jedesmal von der Notwendigkeit der getroffenen Wahl überzeugt, und auch dort, wo wir über ausgegrabenen Fundamenten die Bauten in Gedanken wieder errichten, sind wir von den Bildern unserer Phantasie bezaubert.

DER DORISCHE TEMPEL

Noch stehen einige Tempel aufrecht von den vielen, die einst überall standen, wo Griechen wohnten oder an alten heiligen Stätten die Götter verehrten. Dorische Tempel sind es meist, die in Großgriechenland, in der Peloponnes und in Attika die Zeiten überdauerten. Die Tempel der Jonier wurden von Katastrophen der menschlichen und der Erdgeschichte niedergeworfen, wir kennen sie nur aus Bruchstücken, die durch Ausgrabungen zutage gefördert wurden. Einzig vom großen Apollontempel in Didyma bei Milet steht noch ein Säulenpaar. Hier ahnen wir, was jonische Baukunst war: schlank und hoch die Säulen, ein niedriges Gebälk über sie hingestreckt, zu Spiralen aufgerollt das über den Säulenschaft herausquellende Polster des Kapitells, reiche Ornamente von Blattreihen oder solche von Blüten und Ranken. Alle diese Formen, schwellend und blühend und zugleich scharf und genau, können nur im Marmor ihre Vollendung finden und sind gewiß früh schon in Marmor gedacht worden. An diesen Säulenschäften wird der Blick hinaufgerissen, und nur allmählich gelingt es, dieser Bewegung entgegen auch den Umfang der Säule zu ermessen und in der sanften Schwellung die verhaltene Kraft. Hier ist Eleganz und Grazie, jedoch nichts Zerbrechliches. Der jonische Tempel gleicht in seiner Anlage dem dorischen: eine Cella mit Säulen ringsum, auch er ein Haus. Aber er ist weniger statisch als der dorische. Mühelos tragen die schlanken Säulen ihr leichtes Gebälk, und das Spiel der Kräfte erscheint nur verhüllt im Spiel der Bewegungen. Doch dürfen wir denken, daß mit der zarteren Gestalt der Elemente ein hinreißender Atem des Ganzen, daß mit dem Schliff jeder einzelnen Form der Glanz des Marmors zusammenwirkte, um diesen Bauten zu ihrer Zierlichkeit auch Größe und Erhabenheit zu verleihen.

Ganz anders die dorischen Tempel. Die Formen sind einfacher und keineswegs an Marmor gebunden. Das Gebälk ist hoch und seine Last bedeutend, starke Säulen tragen es wohl mit angespannter Kraft, jedoch nicht mühevoll gepreßt. Hier wird ein statischer Vorgang eindringlich dargestellt. Auch die vollkommen harmonischen Bauten des fünften Jahrhunderts bleiben gewaltig, ihre Schönheit liegt in der unbedingten Verdeutlichung, in der Vollkommenheit ihrer strengen Formen. Die Einzelformen lagen fest, auch ihre Abfolge war von vornherein bestimmt, nachdem einmal die ursprünglich in Holz geformten Glieder in monumentalen Steinbau umgesetzt waren. Keine Not des Erfindens belastete oder verführte die Baumeister, ihre ganze ungeteilte Lust und Kraft mündete gleich in die greifbare Gestaltung von Glied um Glied und durchdrang und belebte den Tempelbau. Da jeder neue Bau das gleiche Thema in der gleichen Anlage mit den gleichen Elementen zu verwirklichen hatte, konnte der ganze Schatz der Erfahrung verwertet und von den Älteren den Nachfolgenden übergeben werden. Nicht nur, daß nichts Neues hinzugefügt wurde, es wurde weggelassen, vereinfacht, verdeutlicht. Darum ist der Grundzug des dorischen Wesens ein bedeutender Ernst, dem jegliches Pathos fehlt. Die Beschränkung auf die festgelegten Formen bedeutet aber keineswegs eine Beschränkung der Ausdrucksmöglichkeit, im Gegenteil erhöht sie nur deren Prägnanz. In der Entwicklung dieser Formen in sich, in der ihres Verhältnisses zueinander: wie sich die Säule zum Gebälk und zur benachbarten Säule verhält, wie der Schaft sich mit dem Kapitell vereinigt, in diesen, mit absolutem Maß gemessen oft ganz geringfügigen Umwandlungen ist die ganze Entwicklung der Griechen vom archaischen zum klassischen Dasein ausgedrückt. Die gewaltige Kraft und naive Zierlichkeit des frühen, die bewußte Anmut des späteren archaischen Zeitalters und die hoheitsvolle Schönheit des strengen Stiles – das alles findet sich in der Architektur der dorischen Bauten des sechsten bis fünften Jahrhunderts. Und weil dies alles mit rein architektonischen Mitteln und später, wie beim Poseidon-tempel in Paestum, mit einer fast unfaßlich feinen Anwendung dieser Mittel ausgedrückt wird, deshalb ist die dorische Architektur in ihrer Vollendung die vollkommenste Architektur überhaupt.

Allseitig umstehen die Säulen der Ringhalle die Cella, keine ausgeprägte Schauseite zeichnet eine bestimmte Ansicht des Gebäudes aus. Überall, wo wir ganze Heiligtümer kennen, liegt der Zugang zum Bezirk an einer zufälligen Stelle, nie wird man in der Achse des Tempels auf die Giebelfront zugeführt. Um so eindringlicher erscheint dem Nahenden der Tempel in seiner Körperlich-keit. Kein betonter Eingang lockert die Dichte der dorischen Säulenreihen, und so stark ist das Gefühl, daß dieser Bau von innen heraus entstanden ist, daß bei den reifen Bauten auch die Front der Cella an der Rückseite wiederholt wird, obgleich aus dieser hinteren Halle kein Zugang mehr ins Innere führt.

Bei sehr alten Tempeln besteht der Unterbau manchmal nur aus *einer* Stufe, und diese verbindet sich mit den Pflasterplatten der Hallen zu einer geglätteten steinernen Tafel, auf welcher die Säulenschäfte stehen. Bald aber wird die Dreizahl für die Stufen gefunden und dann auch beibehalten. Drei Stufen erheben den Tempel merklich und sind doch kein Sockel, um ihn von der tragenden Erde zu lösen. Der Blick erfaßt sie ohne zu zählen, die Wiederholung der drei großen Waagerechten betont den festen Grund, und die Absätze fließen auch im flimmerndsten Licht nicht zu einer schrägen Böschung zusammen. Dieser Stufenbau ist keine auf die Erde gelegte Platte mehr, er ist ebensosehr ein Teil des Tempelkörpers, wie die zu Stein gewordene Bekrönung des Erdbodens, auf dem er steht. Auf dieser Basis stehen die Säulen und die Wände der Cella. Unvermittelt lösen sich die senkrechten Flächen und Kanten von der Standebene ab, doch die Schwellung der Schäfte gibt den Säulen eine solche elastische Spannung, daß sie fest und gleichsam angesaugt zu stehen scheinen. Die Cella ist sichtbar nur durch die lichten Weiten zwischen den Säulen, aber als fest geschlossenes Inneres von höchster Bedeutung für den Ringhallentempel. Das Fehlen der Cellen an den meisten der erhaltenen Tempel und die überwältigende Erscheinung noch aufrechter Säulen verleiten zu sehr, die Cellen im Gesamtbild zu vergessen. Der Luftraum um den Kernbau löst die Säulen spürbar von ihm und schafft zugleich eine innere Verbindung. Die Säulen sind wie ein Mantel, in welchen das Licht eindringt, sie wiederholen den Innenkörper in einer reicher differenzierten Weise, und die schrittweise Auflockerung der Dichte von innen nach außen bewirkt eine so innige Berührung von Körper und Luft, daß der Bau zu atmen scheint und seine strengen Formen nie hart und starr werden.

Die Schäfte der dorischen Säulen sind nicht einfach glatt, sondern tragen senkrechte flache Hohlkehlen, die Kanneluren, welche in scharfen Graten aneinanderstoßen. Auf diese Weise umgeben den Säulenkörper eine Anzahl von Kanten, die, jede für sich beleuchtet und sich gegen den Schatten der Kanneluren abhebend, die Form der Säule viel genauer erkennen lassen, als es bei einer glatten Mantelfläche möglich wäre. Der Blick wird den Graten und Kanälen entlang aufwärtsgeführt und umfaßt zugleich den Umfang des Säulenschaftes durch die Wiederholung der schmalen Streifen ringsum. Auch seine Verjüngung und Schwellung werden deutlicher, als es durch die einfachen Konturen glatter Säulen erreicht werden könnte. Der kannelierte Schaft trägt das dorische Kapitell, dessen eigentlicher Körper, der Echinus, schwellend gerundet ist und kräftig vortretend eine vergrößerte Auflagerfläche für das Gebälk vorbereitet. Diese wird durch die quadratische starke Deckplatte des Kapitells, den Abakus, gebildet. Dort, wo kannelierter Schaft und glatter Echinus zusammenstoßen, wird ein Übergang geschaffen durch kleinere waagerechte, Schaft und Echinus umziehende Kerben und Ringe.

Von den drei Zonen im Aufbau des Tempels, den Stufen, den Säulen und dem Gebälk, sind die Säulen die bedeutendste. Sie haben nicht nur den Hauptanteil an der Höhenentwicklung des Gebäudes, auch seine Längsrichtung wird durch die Reihung der mächtigen Schäfte besonders betont. Auch ist in den Säulen die Grundform am stärksten differenziert: statt der einfachen Wand eine Reihe plastischer Körper, zwischen denen das Innere des Baues nach außen zur Wirkung kommt. Und selbst seine Ecke wird von solch einem rundplastischen Körper gebildet, nicht verdeutlicht, aber aufs stärkste belebt. Dadurch werden zwischen den Säulen der Ansichtsseite auch die ersten Säulen der benachbarten Seiten sichtbar, der Blick wird in der Ringhalle in die Tiefe geführt und umfaßt deshalb deutlicher den Kubus des Baukörpers.

Über den Säulen wird der Bau durch die hohe Stirn des dorischen Gebälkes aber noch einmal in geschlossenen Flächen zusammengefaßt. Entscheidend ist, daß hier oben die Ecke des Gebäudes rechtwinklig und mit einer scharfen Kante gebildet wird, die Abmessungen und Grenzen des Baukörpers nun aufs deutlichste betonend. Die Abstände der Säulen werden von den Balken des Architravs überbrückt, und diese tragen den aus kürzeren Blöcken zusammengesetzten Fries. Architrav und Fries bilden zusammen mit einem großen abschließenden Gesims, dem Geison, die von den Säulen getragene Last. Die Richtung des auf den Säulen ruhenden Gebälkes ist in seiner Gesamtheit waagerecht, durch die Einzelformen und die Anordnung der gliedernden Elemente kommt aber auch die senkrechte Bewegung noch zur Wirkung. Es ist umgekehrt wie an den Säulen, wo die Senkrechte besonders sinnfällig ist und die Waagerechte nur durch die ausladenden Teile der Kapitelle sowie durch die Reihung der gleichen Elemente verhalten zum Ausdruck kommt. Säulen und Gebälk sind überhaupt in jeder Weise gegensätzlich, dabei aber vollkommen aufeinander abgestimmt. Die Säulen sind Einzelkörper mit offenen Zwischenweiten, das Gebälk ist eine geschlossene Wand. Die Aktivität, welche von der einzelnen Säule ausgeht, wird durch die geschlossene Erscheinung der Säulenreihe gleichsam in die Erscheinungsform einer Wand aufgenommen, während die Wand des Gebälkes durch die Reihung der Friesglieder rhythmisiert wird und Bewegungsimpulse erhält. Die Säulen sind einheitliche Körper. Das Gebälk ist dagegen in Schichten zerlegt, deren jede eine besondere Funktion hat. Die hohe glatte Außenseite des Architravs läuft als einförmiges Band rings um den Bau, oben eingefaßt von einer schmalen vorspringenden Leiste, der Taenia. In dieser indifferenten Schicht des Gebälkes wird die Bewegung in der Zone der Säulen, die senkrechte der kannelierten Schäfte und die waagerechte der Kapitellfolge, vorläufig aufgefangen. Beide Bewegungen werden aber in der folgenden Gebälkschicht, im Fries, wieder aufgenommen, wenn auch besänftigt durch kleinere Maße und zarteres Relief. Über jeder Säule und über jeder Zwischenweite steht eine senkrecht gegliederte Platte, die Triglyphe, zwischen ihnen ein wenig zurücktretende Platten, die Metopen. Die Intervalle der Säulenstellung sind also halbiert, die Zahl der Elemente ist verdoppelt und ihre Reihe noch mehr geschlossen. Auch der Fries wird dadurch zu einem Band, aber er ist ein reich gegliedertes Band und als Schicht deshalb vom Architrav unterschieden. Doch wird an diesem der Rhythmus der Triglyphenabfolge schon vorbereitet. Unter der Taenia sind nämlich, in ihrer Breite und Anordnung genau den Triglyphen entsprechend, kleine Leisten angebracht – Regulae –, an welchen je sechs zylindrische Tropfen hängen. Diese Glieder erscheinen formal nicht selbständig und zum Architrav gehörend, sondern als Fortsetzung der Triglyphen, welche vom Fries her über den Architrav heruntergreifen. Das oben folgende Bauglied, das Geison, trägt an seiner Unterseite ebenfalls eine Gliederung, die den Triglyphen entspricht. Es ladet weit über das Gebälk und die Kapitelle aus, seine Unterfläche hängt etwas nach außen zu, seine glatte Stirnfläche ist mit einem zierlichen Profil bekrönt. An der Unterfläche ist zum letztenmal der Rhythmus der Säulenstellung wiederholt, aber die Intervalle sind hier auf ein Viertel verkürzt. Über jeder Triglyphe und zwischen ihnen, also auch über jeder Metope, erscheint die Unterseite durch je eine flache Platte verstärkt. Diese Platten, Mutuli, sind durch schmale Zwischenräume, Viae, getrennt und scheinen aus dem Innern des Dachraumes hervorzutreten und durch ihre Schräge am Aufbau des Daches beteiligt. In Wiederholung der Tropfen an den Regulen unter den Triglyphen tragen auch die Mutuli Tropfen, je sechs in drei zur Geisonkante parallelen Reihen. Die dichte Stellung der Tropfen innerhalb der Reihe hebt den Mutulus im tiefen Schatten der Hängeplatte deutlich hervor, die Abstände der drei gleichen Reihen erleichtern es, die Ausladung des Geisons abzuschätzen. Durch die Besetzung mit so vielen Tropfen wird die Unterfläche des Geisons merklich belebt, aber dies geschieht in einer so völlig architektonischen

Weise, daß diese Elemente wie alle anderen des dorischen Gebälkes unmittelbar an der Struktur seines Aufbaues beteiligt zu sein scheinen. Am steinernen Tempel ist das freilich nicht der Fall, aber gewiß leben hier Formen weiter, welche für ehemals echte Konstruktionselemente ausgebildet wurden. Darauf deutet auch das Geison als Ganzes hin. Denn es läuft an allen vier Seiten völlig gleichmäßig ausgebildet waagerecht über dem Fries durch, obwohl es beim Steintempel an Fronten und Seiten verschiedene Funktionen hat. An den Langseiten bildet die Geisonstirn die Traufkante des Daches, dessen geneigte Flächen von den Außenkanten zum First ansteigen. An den Schmalseiten aber trägt das Geison die Giebel. Das schräge Dach mit den Giebeln dürfte daher die Zutat einer reiferen Bauweise über einem ursprünglich flachen Dache sein.

Mit dem Geison wird die Architektur der Säulenordnung abgeschlossen. Erst durch dieses erscheint das Gebälk zu einem einheitlichen Körper zusammengefaßt, welcher auf der Vielzahl der Säulen lagert; alle Bewegungen sind aufgefangen und zur Ruhe gekommen. Auch der Stufenbau hat im Geison seine Entsprechung gefunden. Zwar ist unten die Horizontale machtvoller dargestellt durch die drei Stufen, welchen oben nur die Stirn des Geisons, die Taenia und die Deckplatten der Kapitelle entsprechen. Aber im Stufenbau gibt es keine differenzierenden Lichter, während die Stirn des Geisons hell über dem beschatteten Fries schwebt und dieser waagerechte Schatten die Masse des Geisons zu vermehren scheint. Es ist also das vollkommene Gleichgewicht dadurch hergestellt, daß die aufwärtsstrebenden Kräfte eingespannt sind zwischen die tragende Horizontale der Stufen und die lastende Horizontale des Gebälkes mit seinem Geison.

Stufen, Säulen, Gebälk und Gesims sind darum eine in sich vollständige Einheit. Die Seiten eines auf solche Weise gegliederten Aufbaues können zu vollkommener Harmonie der Erscheinung ausgewogen und zu einem geschlossenen Baukörper zusammengefaßt sein. Dennoch würde dieser Architektur, wenn sie mit dem Geison abgeschlossen wäre, ein Zug des Unvollständigen anhaften. Erst durch das geneigte Dach mit First und Giebeln werden Fronten und Seiten unterschieden und den Giedern der Ordnung ihre Selbstherrlichkeit genommen. Ja, erst durch das Dach wird dem ganzen hier dargestellten Vorgang des Tragens und Lastens ein sichtbarer Sinn gegeben, indem sich die Architektur zum belebten Bild des Tempelhauses zusammenschließt. Und hiermit wird wiederum der Cella, als dem geschlossenen Innenraum dieses Hauses, ihre wichtige Rolle zugewiesen, so daß sie innerhalb des Säulenmantels als Kern des Gebäudes wesentlich in Erscheinung tritt. Die Dachflächen, oft ganz aus Marmor, sonst mit tönernen Ziegeln gedeckt, fügen sich durch ihre Gliederung in diese strenge Architektur ein. Die einzelnen Ziegel sind ziemlich große rechteckige Platten, in parallelen Reihen so verlegt, daß immer die unteren von den oberen ein wenig überdeckt werden. Ihre seitlichen Ränder sind aufgebogen und berühren sich in Fugen, die vom First zur Traufe durchlaufen. Diese Fugen werden nun mit schmalen, dachförmigen Ziegelreihen überdeckt, deren einzelne Glieder sich genau wie die flachen Ziegelplatten etwas überlappen. Auf diese Weise entstehen scharfkantige, schmale, von oben nach unten durchlaufende Rippen, deren Profil deutlich zwischen den breiteren flachen Streifen der Ziegelplatten hervortritt und die in dichter Reihung über die ganze Dachfläche verteilt sind. Mit dem Dach kommt zu den reinen Senkrechten und Waagerechten der Ordnung noch die große Schräge der Flächen und des Giebelumrisses. Erst dadurch erhält das Profil des Baues sein volles Leben. Im First und in der Spitze des Giebeldreiecks kulminiert der ganze Bau, und zugleich wird der Blick an seinem Umriß wieder abwärts geleitet. Damit erhält auch der Stufenbau einen neuen Sinn: aufwärtssteigend war er die erhobene Plattform des Gebäudes, abwärtsgehend wird er zur verbreiterten Basis, mit welcher der ganze Tempel auf der Erde lagert. Durch dieses Aufwärts- und wieder Abwärtsleiten des Blickes wird der Tempel als Ganzes begriffen, von der Erde getragen, von Luft umspielt, von Licht durchdrungen.

Wie die Urform der Cella aufgelockert wurde durch die rings um sie gelegten Säulenhallen, so wurden die geraden Dachkanten mit Zieraten besetzt zum schöneren Übergang in den freien Luftraum. Darum wurden die von den Deckziegeln gebildeten Rippen an ihrem unteren und oberen Ende zu kleinen Schilden aufgebogen, welche aufgemalte oder in zartem Relief gebildete Blattfächer trugen. Diese Reihen kleiner Aufsätze auf den Traufkanten und dem First wurden abgeschlossen durch hohe Aufsätze auf den äußeren vier Ecken des Daches und den Spitzen der Giebel. Solche Akrotere aus Figuren oder Rankenwerk in plastischer durchbrochener Arbeit sind nicht mehr Teile des Gebäudes, sie gehören ihm aber an als zierende Bekrönung, stehen auf der reinen Architektur als im hellsten Licht glänzende Gebilde der Phantasie.

Bei dieser Architektur, bei der alles konkret zur Darstellung kommt, wäre Farblosigkeit im Gegensatz zur Buntheit der Natur eine Abstraktion und somit unmöglich gewesen. Daher wurde ebenso wie der Vielfalt der Naturbildungen die gesetzmäßige Form, ihrer Buntheit eine bestimmte Farbigkeit der einzelnen

Glieder entgegengestellt. Nur eine kleine Auswahl einfacher Farben wurde verwendet, hauptsächlich Weiß, Rot, Blau und Schwarz, ohne Mischung und Halbtöne nebeneinander stehend, stets für das gleiche Element die gleiche Farbe. Dadurch hoben diese Farben die wichtigste Gliederung des Baues bedeutend hervor und machten sie weithin sichtbar. Weiß – wohl nicht grell, sondern eher getönt wie griechischer Marmor – waren die Stufen, Cellawände, Säulen, Kapitelle, der Architrav, die Metopen und die Stirn des Geisons. Farbig dagegen abgesetzt waren die eigentlich gliedernden Elemente: rot die Kerben und Ringe am Säulenschaft oben und am Kapitell, rot auch die Taenia des Architravs und der Grund an der Unterseite des Geisons. Durch Schwarz oder Blau wurden die Triglyphen mit den Regulen am Architrav und den Mutulusplatten am Geison zu einer Einheit zusammengefaßt, weiß waren die Tropfen am Architrav und am Geison. Auch Blattornamente an Zierprofilen waren farbig, meist rot und blau auf weißem Grund, und farbig waren erst recht die Bildwerke in den Metopen und die großen Figurengruppen in den Giebeln. Nicht jeder Tempel besaß solche, und gerade in Paestum blieben die Metopen glatt und die Giebel ohne Statuen. Aber jeder Giebel trug über dem schrägen Geison noch die Sima, einen hohen Rand, der das Dach einfaßte und das Wasser zur Traufe hinunterleitete. Diese Simen sind besonders reich verziert, mit Blüten, Blattfächern und Ranken, auch diese farbig und meist blau und rot.

Wie die Gliederung am ganzen Bau nach oben reicher und feiner wird, nimmt auch die Farbigkeit nach oben zu, mit der Taenia des Architravs beginnt sogar erst die eigentlich farbige Zone. Es ist der Bereich, der häufig im tiefen Schatten des Geisons liegt, und gewiß war es eine der Aufgaben der Farbe, die wichtigste Gliederung dieser Architektur möglichst von dem wechselnden Lichteinfall unabhängig zu machen. Denn so unentbehrlich Licht und Schatten für die Sichtbarkeit der Modellierung sind, so reizvoll es ist, das Bild des Baues sich langsam mit dem Stand der Sonne ändern zu sehen, zum Wesen dieser eindeutigen Formen gehören der Wechsel und das Spiel des Lichtes nicht. Solche Formen verlangen auch eine eindeutige Oberfläche und nicht eine, die durch Poren und Verfärbung, Zufälle des natürlichen Steines, einen falschen Reiz ausübt. Darum haben die Griechen überall dort, wo sie nicht aus dichtem Marmor, sondern aus porösem Kalkstein bauten, diesen mit einem dünnen, harten, glatten Stuck überzogen, welcher die genaue Oberfläche gab und auch die Farbe trug. Entscheidend ist aber, daß die plastische Form stets im Stein ganz vollendet wurde und nicht erst im Stuck über einem rohen steinernen Kern. Ein solches

Verfahren hätte auch bei den griechischen Steinmetzen sofort zu scharfkantigen, hohl unterschnittenen Formen führen müssen, d.h. die wirkliche Plastik wäre durch Dekoration ersetzt worden.

Die einzelnen Quadern und Säulentrommeln wurden mit glattgeschliffenen Berührungsflächen aneinandergereiht und aufeinandergeschichtet, ohne ein Bindemittel zwischen den Steinen zu verwenden. Das geschah nicht etwa aus Unvermögen, denn die hohe Qualität des Stuckes zeigt, daß die Griechen sehr wohl in der Lage gewesen wären, allerbesten Mörtel herzustellen. Aber jede Mörtelfuge führt, bis der Mörtel erhärtet ist, zu Setzungen, d. h. zu Verschiebungen der Bauteile, und diese würden die genauen Fluchten von Kanten und Flächen merklich gestört haben. Daneben verlangte die plastische Auffassung, welche die Griechen von den Gliedern der Architektur hatten, ein gleichmäßig formbares Material, welches nicht von noch so dünnen Schichten einer an sich formlosen Mörtelmasse unterbrochen sein durfte. Jedes Bauglied aus einem einzigen Stück zu machen, wie an altertümlichen Tempeln oft die Säulenschäfte, das hätte dem Bedürfnis am besten entsprochen. Da es nicht möglich war, mußte durch die Art der Quaderfügung ein Ersatz geschaffen werden. Die zusammenhängenden Flächen der Stufen und Wände wurden erst nach dem Zusammenbau fertig gearbeitet, die Säulen in rohen Trommeln versetzt und erst im Stand kanneliert. Die Oberflächenform der Bauglieder scheint durch eine aus ihrem Innern wirkende Kraft entstanden zu sein, und ein solcher Vorgang konnte nur dann so überzeugend dargestellt werden, wenn die ihn erschaffende Phantasie nicht in zusammengesetzten Teilen, sondern in ganzen Körpern denken konnte.

Der dorische Tempel, ein Bau aus mächtigen Gliedern und doch von innerer Einheit, stand nicht von Anbeginn als fertige Schöpfung da. Schrittweise mußte die Vollendung erreicht werden, neue Möglichkeiten der Verdeutlichung wurden gefunden, aber auch alte Fähigkeiten zu eindringlicher Schilderung verloren. Der steinerne Tempel wird im sechsten und fünften Jahrhundert in unerhört schnellen Schritten seiner endgültigen Form zugeführt. Und Paestum ist darum ein so völlig einzigartiger Ort, weil aus dieser Zeit drei dorische Tempel dort stehen, jeder eine entscheidende Stufe der Entwicklung griechischen Daseins vom archaischen zum klassischen Jahrhundert vertretend. Und damit diese unbedingte Architektur auch nur aus sich selbst rede, ist durch ein eigentümliches Geschick hier auch nichts anderes als eben diese Architektur erhalten. Keine Überlieferung, keine Inschrift, kein Bildwerk geben Erläuterungen aus anderen

Sphären, und es bleibt im Dunkel, welchen Gottheiten die Tempel zu eigen waren. Die Namen, mit welchen die Tempel heute bezeichnet werden, sind ungewiß und zum Teil bestimmt falsch. Man hat sie deswegen durch neutrale Benennungen ersetzen wollen, die gebildet waren nach der Zahl der Säulen an der Front – abstrakte Formeln, die vom Wesen dieser Architektur eher weg- als zu ihm hinführen. Denn da alle griechischen Tempel so unterschieden sind, wie ein Individuum vom anderen, sind diesen Bauten gleich lebendigen Wesen Eigennamen gemäßer, um so mehr, als sich hier die uns altgewohnten längst mit den unvergänglichen Bildern der Erinnerung verbunden haben.

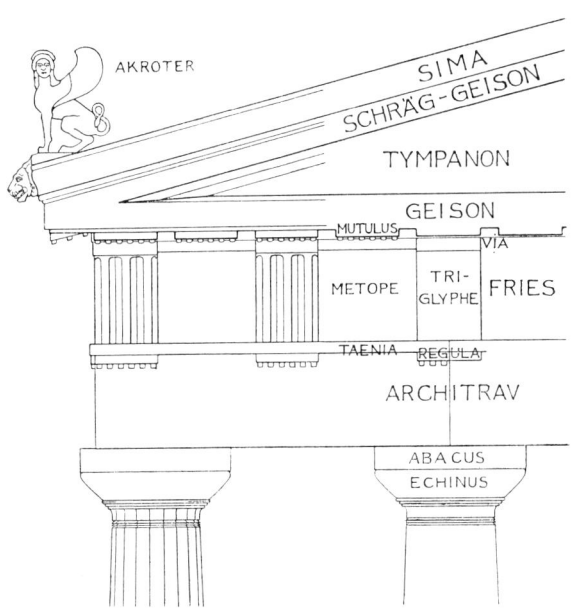

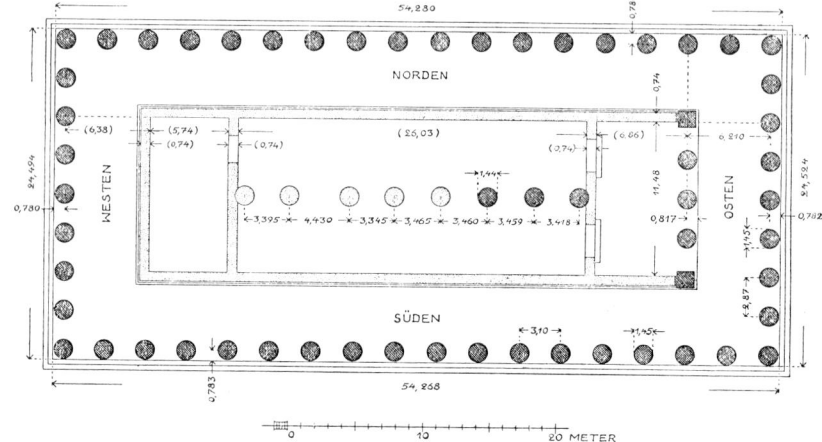

Fig. 1

DIE BASILIKA

Von den drei Tempeln in Paestum stehen zwei nahe zusammen im Süden der Stadt. Es sind die beiden größeren, dem Alter nach etwa hundert Jahre voneinander getrennt. Der dritte steht abseits im Norden, ist viel kleiner und zeitlich zwischen den großen entstanden. Alle drei sind ostwärts gerichtet und weichen nur um wenige Grade von einer parallelen Stellung ab. Westlich hinter den Tempeln läuft mit schön erhaltenem Pflaster die süd-nördliche Hauptstraße der Stadt vorbei (Abb. 7, 57). Sie gehörte zu einem Netz von parallelen, sich rechtwinklig schneidenden Straßen, von denen auch einige Nebenstraßen stellenweise im Stadtgebiet aufgedeckt sind (Abb. 4). An der Kreuzung der einst von Tor zu Tor führenden Hauptstraßen ist der große, langgestreckte Marktplatz freigelegt.

Aber der Schein, daß hier Tempel, Straßenzüge und Stadtmauertore einer einheitlichen Planung angehörten, trügt: Die Tempel sind älter und die einzigen Bauten aus der frühen griechischen Zeit. Ihre parallele Stellung beweist daher nicht eine ursprünglich reguläre Anlage der Stadt. Denn die griechischen Tempel waren ja immer mit der Front und dem Cellaeingang nach Osten gewendet, und das Kultbild schaute aus dem Innern ostwärts durch die Tür auf den Altar, wenn nicht zwingende Gründe des Kultes oder der Lage es anders verlangten. Das ganze Straßennetz stammt aus einer späteren Zeit, wahrscheinlich aus dem dritten Jahrhundert, als die Stadt latinisch wurde. Die Verhältnisse in Paestum haben dabei eine besondere Eigentümlichkeit. Während sich im allgemeinen der Boden im Laufe der Zeit überall und in Städten in stärkerem Maße aufhöht und daher die älteren Schichten von den späteren überdeckt werden, liegt hier das Niveau der späteren Zeit beträchtlich unter dem älteren griechischen. Das hat zur Folge, daß auch das Gelände um die Tempel entsprechend tiefergelegt wurde. Dadurch sind ihre Fundamente ein Stück weit entblößt worden, und die unterste Stufe liegt nicht mehr, wie es sein müßte, fest am Boden an. Das beeinträchtigt die Erscheinung der Tempel sehr, aber wenn das Gras ringsum dicht und hoch steht, so verhüllt es streckenweise wieder, was fälschlich sichtbar geworden ist.

Die Tempel von Paestum sind, wie alle in Großgriechenland, aus Kalkstein gebaut, nur einige Streifen mit fein ausgearbeiteten Ornamenten im Gebälk der beiden älteren sind aus Sandstein. Der harte Kalkstein ist gut erhalten, aber der Stuck ist bis auf geringe Reste abgefallen, weil das Regenwasser nach dem Zerfall der Dächer durch die Poren des Steins eindringen konnte und den Stuck von innen her losgelöst hat.

Der größte Teil vom äußeren Aufbau der Basilika steht noch aufrecht. Der Stufenbau hat nur unwesentliche Lücken, von den Säulen der Ringhalle mit ihren Kapitellen stehen alle, und keine einzige ist störend entstellt, lückenlos liegt über ihnen ringsum der Architrav, und streckenweise ist auch der Fries noch erhalten. Dennoch entzieht sich der Bau in einer seltsamen Weise dem ersten ihn umfassenden Blick, das Auge läuft suchend die langen Säulenreihen entlang ohne einen Halt zu finden. Die Photographie kann das nur unvollkommen darstellen, da sie das Bild der starr gerichteten Linse statt des beweglichen Auges widergibt (doch mag die Abb. 5 es ungefähr zeigen). Diese Eigentümlichkeit wird durch das Verhalten vieler Besucher bestätigt. Die meisten gehen unruhig vor diesem Tempel hin und her, kommen ihm näher, betrachten schließlich irgendeine Einzelheit und betreten dann den Bau an einer ganz zufälligen Stelle. Das wird nicht durch die Zahl der Säulen bewirkt, die allerdings groß ist: 9 an der Front und 18 an der Seite, wobei die Ecksäulen an jeder Seite also doppelt gezählt sind. Denn der Parthenon in Athen hat mit 8 : 17 Säulen an jeder Seite nur eine einzige weniger und sammelt doch den Blick sofort zu ruhigem

Verweilen. Auch im Fehlen von Geison und Giebeln allein kann der Grund nicht liegen. Denn es gibt in Sizilien einen Tempel, von welchem nur an einer Langseite alle Säulen mit dem Architrav und einem Stück vom Friese stehen, von den anderen Säulen nur vereinzelte ganz oder wenige Trommeln, und doch stellt sich diese Tempelruine dem Auge noch als klar faßlicher Baukörper dar, wenn nur zu der stehenden Reihe auch eine gegenüberliegende Ecke sichtbar ist. Es ist der sogenannte Juno Laciniatempel in Agrigent. Daß die Basilika mehr als „Säulenwald" und weniger als kubischer Baukörper erscheint, daran hat der Erhaltungszustand den geringsten Anteil, vielmehr liegt es im Wesen dieser Kunst und zeigt sich ebenso in der Schwierigkeit, ein einzelnes Bauglied, eine Säule, eindeutig zu erfassen. Aus der Entfernung erscheinen die Säulen schlank und zierlich (Abb. 3–5, 57), für den sich Nähernden bleibt zwar der Eindruck einer gewissen Schlankheit, aber die Zierlichkeit wird durch einen völlig anderen und beinahe entgegengesetzten Ausdruck verdrängt. Es sind die Anspannung des Tragens und eine unbedingte Monumentalität, welche nun die Erscheinung der Säulen bestimmen. Diese sind mäßig hoch (6,454 m), aber im Schaft sehr stark verjüngt und geschwellt (Durchmesser unten 1,45 m, oben 0,982 m), und das Kapitell ladet weit und flach aus (der Abakus ist 2,00 m breit). Wo der Fries noch ausreichend erhalten ist, also am Westende des Baues, macht es den Eindruck, als seien die Säulen zwischen Stufen und Gebälk hineingeschoben und hätten diese waagerechten Schichten auseinandergedrängt (Abb. 7, 13). Die Form der Säule scheint bestimmt durch die Last: darum ist die Standfläche so breit, der Schaft so geschwellt und das Kapitell so flach, darum auch der Schaft so in das Kapitell hineingebohrt (Abb. 13, 18). Für den unmittelbar vor einer Säule Stehenden ändert sich wiederum das Bild, insbesondere vom Inneren, von der Höhe der Säulenstandfläche aus gesehen. Noch immer hat der Blick keinen ruhigen Halt. Fast unvereinbar gegensätzlich erscheinen die Senkrechte des aufsteigenden Schaftes und die Waagerechten des ausladenden Echinus und Abakus, und so eindringlich marschieren die Kapitelle unter dem Architrav hintereinander her, daß der Blick wieder vom Nächsten zum Entfernten weggezogen wird (Abb. 9). Wenn er sich aber auf den Schaft dieser einzelnen Säule richtet, dann bleibt der Blick endlich haften, und nichts kann ihn mehr ablenken. Jetzt ist ihre Schwellung nicht mehr der Ausdruck ihrer Funktion des Tragens, sondern Selbstzweck und nichts anderes als das hervorstechendste Merkmal vom Wesen dieser Säulen. Durch eine im Innern wirkende expansive Kraft scheint die Oberfläche herausgetrieben und bis zum Bersten angespannt, sichtbar gemacht und zusammengehalten durch die Grate der Kanneluren. Diese sind wie angeschärfte Leisten über den Schaft gezogen, sie sind der entscheidende Bestandteil der Kannelierung. Die Kanäle dagegen erscheinen flach und nur als die ausgerundeten Übergänge der Grate in die Mantelfläche (Abb. 9 vorn, 10, 12, 56). Diese plastische Kraft des Schaftkörpers nimmt die Aufmerksamkeit so ganz in Anspruch, daß sie ihn vom benachbarten völlig isoliert, ja sogar die Teile *einer* Säule als durchaus selbständige Elemente wahrnehmen läßt. Jeder dieser Teile ist so gestaltet, daß *seine* Körperlichkeit am stärksten zum Ausdruck kommt. Daher haben bei diesen Säulen Schaft und Kapitell in eigentlich formaler (nicht statischer) Beziehung nichts miteinander zu tun. Die Senkrechte und Waagerechte stoßen nicht nur ohne jede Milderung hart aufeinander, sondern das Kapitell ist dazu noch durch eine tiefe Kehle vom Schaft getrennt, und der Schaft endet mit einer eigenen freien Kante (Abb. 11, 12, 14, 15).

Alle Säulen, die äußeren der Ringhalle, die an der Front und im Innern der Cella und ihre Kapitelle sind einander im Umriß gleich. Die Cellafrontsäulen sind nur wenig niedriger, die im Innern aber dadurch, daß sie in das Pflaster eingelassen sind, um so viel, daß sie gedrungener als die anderen erscheinen (Abb. 12). Alle haben die gleichen zwanzig sehr flachen Kanneluren, die unterhalb der Oberkante im Schaft selbst enden, so daß hier ein schmaler Streifen glatt bleibt, in welchen die Grate münden (Abb. 9, 15, 56). Die Kehle zwischen Schaft und Kapitell schneidet tief in das Fleisch des Schaftes ein, in sie schmiegt sich ein Kranz von schmalen Blättern fest hinein. Über dem glatten Streifen des Schaftes liegend, haben sie keine Beziehung zu den Kanneluren und sind folgerichtig ganz unabhängig von der Anzahl der Kanneluren verteilt. Diese Blätter bilden für sich einen Kranz zwischen Schaft und Kapitell und gehören keinem von beiden näher an. Von den Blättern weg ladet der Echinus mit einer weichen Kurve weit und bauchig aus, aber die Krümmung ist stark genug, um auch unter der glatten Oberfläche seine plastische Intensität zur Erscheinung zu bringen (Abb. 9, 12, 15). Sie steht der des Säulenschaftes nicht nach und wirkt daher mit, daß die Säulen als Ganzes trotz der formalen Isolierung ihrer Teile den Eindruck einer so vollkommenen Richtigkeit machen, daß man nichts an ihnen ändern möchte. An seinem Ansatz trägt der Echinus schmale schmückende Streifen, die aber kein selbständiges Glied mehr sind, sondern ganz zum Kapitell gehören. Bei fast allen Kapitellen ist es ein flacher Wulst, der nach außen von einem schmalen Rundstab eingefaßt ist (Abb. 12 am Kapitell im Vordergrund). Daß diese Ringe einst mit Ornamenten bemalt waren, zeigen mehrere Kapitelle der

Westfront (Abb. 14–17), welche an dieser Stelle plastische Ornamente tragen, die sich erhalten haben. Dabei überrascht es, daß ähnliche Ornamente an der gleichen Stelle einmal so kräftig sein können wie die Blüten und Rosetten der Mittelsäule (Abb. 17), und wenig entfernt von dieser so zierlich wie die Blattfächer und Blüten an einem anderen Kapitell (Abb. 16), welche fast in einem Mißverhältnis zu dem mächtigen Echinus stehen.

Kehle, Blattkranz und Ornamentstreifen sind Besonderheiten dieser Kapitelle, die von den reinen dorischen Formen abweichen. Noch eigentümlicher aber ist das Gebälk der Basilika. Hier zeigt sich, daß in Paestum als einer achäischen Kolonie neben den dorischen auch starke jonische Einflüsse wirkten. So ist der Architrav statt von der dorischen Taenia mit ihren Tropfenregulen auf jonische Weise von einem hohen durchlaufenden Profil bekrönt, über welchem der Fries steht. Es ist auch wahrscheinlich, daß das Gebälk über dem Fries mit einem entsprechenden Profil eingefaßt war.

Der Architrav stellt einen im Querschnitt quadratischen Balken dar, der breiter ist, als die Säulen oben stark sind (Breite 1,147 m, oberer Säulendurchmesser 0,982 m). Hergestellt ist er aber aus zwei Schichten, von denen die obere aus Sandstein besteht, weil sie außen und innen die fein gearbeiteten Profile trug. Unter dem Stucküberzug war die Verschiedenheit von dem Kalkstein der unteren Schicht nicht sichtbar, jetzt fällt dagegen der Sandstein überall als dunkler bräunlichgelber Streifen auf, dessen Profil nur stellenweise noch zu erkennen ist. Diese Schicht ist nur dort erhalten, wo der Fries auf ihr steht (Abb. 5, 7, 9, 12, 13), die tragenden glatten Kalksteinbalken der unteren Schicht sind ringsum noch am Platze. An der Innenseite haben sie über jeder Säule ein quadratisches Loch (Abb. 9, 10, 12). Diese Löcher haben, so regelmäßig sie auch sind, doch nur vorübergehend während des Aufbaues für Hilfseinrichtungen gedient und sind darum später mit genau eingepaßten Kalksteinwürfeln geschlossen worden. Die meisten dieser Füllstücke fehlen jetzt, aber vereinzelte sind noch vorhanden und bestätigen, daß in den Löchern nicht etwa die Balken der Ringhallendecke gelegen haben.

Der Fries war, wie stets bei dorischen Tempeln, auch nach innen sichtbar, bei der Basilika als glatter Plattenstreifen (Abb. 9). Über dem Fries ist eine profilierte Schicht zu ergänzen, wahrscheinlich aus Sandstein, auf welcher die Decke gelegen hat. In gleicher Höhe war die Cellawand mit einem entsprechenden Gesims abgeschlossen, welches das innere Auflager der Ringhallendecke bildete. Der Fries der Basilika war aus zwei Blockreihen zusammen-

26

gesetzt, von denen nur die innere erhalten ist (sie ist 1,008 m hoch). Außen waren die Triglyphen und Metopen aneinandergereiht, von denen zwar kein Stück übriggeblieben ist, deren einstiges Vorhandensein man aber aus Spuren auf der Sandsteinschicht, auf welcher sie standen, mit Sicherheit erkennen kann. Die einzelnen Blöcke wurden nämlich mit Kranen auf den Architrav gehoben und annähernd an ihren Platz gestellt, dann mit Brecheisen genau ausgerichtet und dicht an die schon richtig stehenden benachbarten Blöcke herangeschoben. Tiefe U-förmige Rinnen für die Kranseile sind noch an allen jetzt freien Enden der inneren Friesplatten zu sehen (Abb. 7, 9, 18). Um das Brecheisen fest einzusetzen, schlug man Kerben, sogenannte Stemmlöcher, in die Oberfläche der unteren Schicht. Diese Stemmlöcher liegen daher immer in der Nähe von Fugen der oberen Quaderschicht, deren Lage dadurch ungefähr bekannt ist. Hier zeigen sie nun, daß in der äußeren Friesreihe abwechselnd ein kürzerer und ein längerer Block aufeinander folgten und daß die kurzen Blöcke regelmäßig über den Säulen und in der Mitte zwischen den Säulen gestanden haben, daß sie also im Rhythmus einer Triglyphen-Metopen-Stellung angeordnet waren. Das beweist, daß der Fries außen wirklich aus Triglyphen und Metopen bestand, deren Maße man an den Stemmlöchern wenigstens angenähert fest-stellen kann.

Auf eine Jochweite, d. i. die Entfernung zweier Säulen in ihren Achsen, kommt die Summe der Breiten von zwei Metopen und zwei Triglyphen. Da bei der Basilika die seitlichen Joche im Mittel 3,10 m, die an den Fronten nur 2,87 m breit sind, müssen auch die Elemente der Friesgliederung an den Fronten kleiner sein als an den Seiten. Die Ecktriglyphen waren im Grundriß qua-dratisch. Die einzelnen Maße stellen sich an den Stemmlöchern nur ungenau dar, doch waren die Blöcke darüber hinaus auch recht verschieden ausgeführt. Die Durchschnittsmaße der Triglyphen und Metopen kommen aber dem ein-fachen Breitenverhältnis von 2:3 sehr nah. Eine Ausnahme macht nur die Ecke.

Es liegt in der Bindung der Friesgliederung an die Säulenstellung be-gründet, daß bei allen entwickelten dorischen Bauten, deren Triglyphen ver-hältnismäßig schmal sind, bei der Ausbildung der Ecke ein Konflikt auftritt. Das beruht auf folgendem: Am Steintempel sind die Triglyphen gliedernde Zierelemente des Frieses. Ihre tektonische Form verrät aber, daß sie ursprüng-lich konstruktive Elemente des Aufbaues gewesen sind, niedrige Stützen auf dem Architrav, auf welchen das Dach auflag. Solche Stützen werden im Grund-riß quadratisch gewesen sein, und ihre Breite wird mit der des Architravbalkens

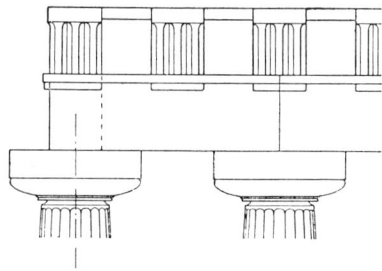

Breite von Triglyphen und Architravbalken gleich

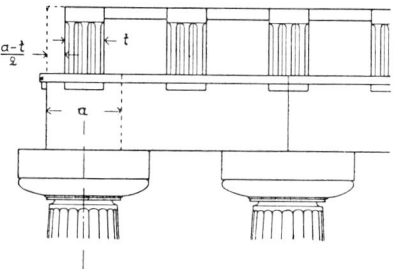

Triglyphen schmaler, römisches Semimetopium

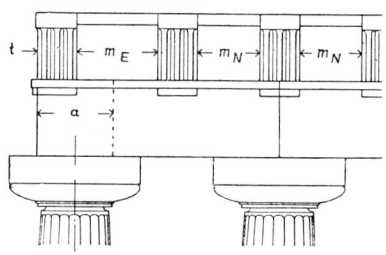

Archaische Verbreiterung der Eckmetope
bei schmalen Triglyphen

Fig. 2

übereingestimmt haben. Die Eck-
stütze stand demnach symmetrisch
über der Ecke des Architravs und
zugleich über der Mitte der Ecksäule. Diese Breitengleichheit von
Triglyphe und Architrav ist bei
einigen altertümlichen steinernen
Friesen wirklich vorhanden. Dabei
werden die Triglyphen jedoch so
plump, daß man schon frühzeitig
anfing, sie schmaler zu machen
(Fig. 2). Die unausweichliche Folge
davon ist ein formaler Konflikt,
weil der Architrav unverschiebbar
über der Säulenmitte festliegt. Soll
nun die schmalere Triglyphe ebenfalls symmetrisch zur Säulenachse
bleiben, so muß entweder der Fries
hinter die Außenkante des Architravs zurücktreten und dessen
Oberfläche dort als freier Streifen
ungedeckt bleiben, was unmöglich
ist, oder es muß außerhalb der Ecktriglyphe noch ein entsprechendes
Stück des Frieses vortreten, also
eine schmale, übereck geknickte
Metope entstehen. Diese Lösung
gab es wohl in römischer Zeit – es
ist das in der Literatur überlieferte
Semimetopium –, den Griechen
aber kam sie nicht in den Sinn.
Denn ihnen war die Vorstellung
von der senkrecht gegliederten
Triglyphe als tragendem Glied so
unabänderlich, daß sie sie nicht von
der Ecke loszulösen vermochten

und dafür die symmetrische Stellung über der Säule opferten. Aber nicht nur dies. Denn durch die Verschiebung der Triglyphe von der Säulenachse an die Friesecke wird die erste Metope breiter als die anderen, und bei den kräftigen Farben des Frieses mußte diese Unregelmäßigkeit weithin sichtbar sein. Und so war es auch bei der Basilika.

Hinter den Frontsäulen der Ringhalle öffneten sich die Cellen fast aller Tempel mit einer eigenen Säulenstellung. Auf diese Weise entsteht eine innere Tempelfront, welche den mittleren Teil der äußeren in abgewandelter Weise wiederholt. Bei der Basilika steht diese innere Front noch vollständig (Abb. 5, 6). Sie entspricht den mittleren fünf Säulen der Außenfront und hat selbst ebenfalls fünf Stützen, nämlich drei Säulen zwischen zwei Anten. Die Säulen gleichen ganz den äußeren, die Anten stehen als Pfeiler mit quadratischem Grundriß vor den Cellalängswänden. Der Umriß der Säulenschäfte ist mit seiner Verjüngung und Schwellung auf die Ante übertragen, die nur unmerklich schlanker ist. Das Antenkapitell ist aber die vollständige Umkehrung des Säulenkapitells, statt eines flach ausladenden Echinus ein hoher Kelch. In mächtigen Hohlkehlen erweitern sich die glatten Flächen des Pfeilerschaftes nach allen Seiten, bis sie den Abakus unten an seinen Außenkanten berühren. Hier hängen unter beiden längsgerichteten Kanten, vielleicht zur Betonung dieser Richtung, Rundstäbe, die ebenso erstaunlich zierlich sind wie die kleinen Blumen und Blattfächer an dem einen der westlichen Säulenkapitele (Abb. 5, 6, 8, 10). An den Außenflächen des Abakus und zu beiden Seiten der Fuge zwischen Kapitell und Pfeilerschaft sitzen schmale, ein wenig vortretende Leisten. Das sind keine Zierformen, sondern Schutzmittel zur Sicherung der fertigen Kanten der Stücke während der Arbeit des Versetzens. Diese Schutzstege sind dann, wie so oft bei antiken Bauten, nicht mehr abgearbeitet worden. Für die Form der Ante ist es wichtig, die trennende Leiste zwischen Schaft und Kapitell fortzudenken und den beabsichtigten glatten Verlauf der Pfeilerflächen in die großen Kehlen des Kapitells zu erkennen (Abb. 10).

Alle Wände der Cella sind später von Leuten, welche die sauberen Quadern gebrauchen konnten, abgetragen worden. Der Grundriß ist daher nur an den Fundamenten zu erkennen (Abb. 9, 12). Drei Räume lagen hintereinander: der Pronaos, das ist die Vorhalle mit ihrer Säulen- und Antenfront, der langgestreckte Naos als Hauptraum, und eine kurze, wahrscheinlich nur vom Naos aus zu betretende hinterste Kammer, das Adyton. Der Hauptraum war durch eine in der Längsachse des Tempels stehende Reihe von acht Säulen in zwei

29

Schiffe geteilt (Abb.12). Diese Zweischiffigkeit gab früher, als eine solche für einen Tempel noch nicht bekannt und der große Altar der Basilika noch nicht ausgegraben war, den Anlaß zur Deutung dieses Gebäudes als profaner Halle und daher zur Bezeichnung „Basilika".

Die Stellung der Türen in den Querwänden der Cella ist nicht mehr zu erkennen. Da die mittlere Säulenreihe im Naos bis an dessen Vorder- und Rückwand heranreichte, können die Durchgänge nicht in der Mitte gelegen haben. In der Vorderwand wird man sicher zwei Türen, für jedes Schiff eine, annehmen dürfen, da nur eine Tür beide Schiffe zu ungleichmäßig beleuchtet hätte. Ob auch zwei Durchgänge ins Adyton bestanden, ist dagegen fraglich. Das hängt von der Stellung des Kultbildes ab. Es kann seinen Platz im Naos oder im Adyton gehabt haben, ja der Tempel könnte zwei Gottheiten geweiht gewesen sein. Dies ist aber unwahrscheinlich, und eine besondere Vorkehrung im Naos spricht für die Aufstellung des Bildes im Hauptraum. Von den acht Säulen der inneren Reihe stehen die drei östlichen noch, und die Plätze der vierten und siebenten sind an Ausschnitten im Pflaster zu erkennen. Die Entfernung dieser Ausschnitte voneinander ist um ungefähr einen Meter größer als der Betrag von drei normalen Jochweiten der Reihe. Eine Freilegung der Standfläche der Säulen ergab, daß das *vorletzte* Joch diese Vergrößerung erfahren hat, gewiß mit Rücksicht auf ein besonderes Raumbedürfnis innerhalb der Cella. Und das könnte durch die Aufstellung des Kultbildes im Naos entstanden sein.

Die Längswände der Cella sind an den rückwärtigen Flächen der Anten angearbeitet (Abb. 11, 12), aber die Anten sind formal ganz selbständig und könnten unverändert als freie Pfeiler isoliert sein. Ebenso unverbunden mit der anschließenden Wand waren die erste und letzte Säule der mittleren Längsreihe der Cella. Hier ging die Trennung sogar bis in den Steinschnitt, denn die Säulen waren fertig gearbeitet und wurden dann teilweise von den Querwänden umschlossen, was eine mühsame Anpassung der Wandquadern mit Hohlformen an den Schaft und das Kapitell verlangte. An der östlichsten Säule ist das noch genau zu sehen, da am Säulenschaft der Streifen, der in der Wand steckte, nicht kanneliert wurde (auf Abb. 5 ist dieser glatte Streifen zwischen der zweiten und dritten Säule der Längsseite gerade zu erkennen). Beim Cellapflaster ist es genau so. Es schließt sich mit runden Ausschnitten um den glatten Fuß der Säulen, und die Kanneluren beginnen erst dicht über dem Boden.

Das Pflaster des Naos aus großen Kalksteinplatten ist im südlichen Schiff noch soweit als zusammenhängende Fläche erhalten, daß es trotz des in Fugen und Steinporen wuchernden Grases zu einer architektonischen Erscheinung des Cellaraumes beiträgt (Abb. 11). Zwei Stufen führten in den Pronaos hinunter, dessen Pflaster verschwunden ist, eine weitere Stufe vom Pronaos in die Ringhalle hinab. Hier hatte die Basilika ursprünglich kein massives Plattenpflaster, sondern einen Estrich, jetzt ist der Boden eine ziemlich ebene Grasfläche. Diese liegt aber zu tief und läßt die Innenseite des Stylobates, also der obersten der drei äußeren Tempelstufen, sichtbar hervortreten (Abb. 8, 9, 56). Das kommt daher, daß man bei einer Säuberung zu tief gegraben hat, da der Estrich verschwunden war. Der äußere Stufenbau ist nicht für ein bequemes Ersteigen bemessen, sondern, da er dem ganzen Tempel als Basis dient, so, wie es die Maße der Architektur verlangen (Abb. 6, 7, 13, 18). Bei der späteren Tieferlegung des umgebenden Geländes war die unterste Stufe dann zu hoch über dem Boden, und es wurde mindestens an der Front eine neue Treppe nötig. Diese hat man in einer barocken Weise und dem Sinn der Tempelarchitektur völlig entgegen als mittlere Freitreppe mit runden Stufen und sie symmetrisch begleitenden profilierten Postamenten ausgeführt (Abb. 6).

Wie wenig ein solcher monumentalisierter Zugang gerade zu diesem Tempel paßte, zeigt sich deutlich in der ungeraden Zahl der Frontsäulen. Neun Säulen an den Außenfronten und drei zwischen den Anten, das bedeutet, daß in jeder Querreihe eine Säule in der Mitte steht. Diesen Mittelsäulen entspricht genau die mittlere Säulenreihe im Naos. Der Tempel hat also eine wie ein Rückgrat vollständig durchgeführte mittlere Säulenstellung, welche die Last des Dachfirstes unmittelbar aufnehmen konnte. Das ist eine organische, sinnvolle Konstruktion, die aber einen symmetrisch gelegenen Zugang unmöglich macht und aufs deutlichste zeigt, daß der Eingang in den Tempel auf keine Weise betont werden und die Reihung der plastischen Säulenkörper auflockern sollte.

Über dem Fries ist der Aufbau der Basilika nicht mehr sicher zu rekonstruieren. Vom Geison selbst sind keine Reste erhalten, wohl aber zahlreiche Bruchstücke von bemalten Terrakottaplatten, welche an die Stirn des Geisons geheftet waren. Nach den Abmessungen dieser Stücke muß das Geison sehr mächtig gewesen sein (Höhe an der Stirn 52,3 cm), wie es im einzelnen aussah, vor allem, ob es die dorischen Tropfenplatten hatte, ist nicht mehr zu sagen. Die Terrakottaplatten bildeten oben zugleich eine vorspringende Traufkante des Daches. Durch schmale Profile getrennte Streifen dieser Platten waren mit gemalten Flechtbändern, Blütenfriesen und Linienmustern verziert, und eigentümlicherweise saßen zuoberst, aber unter der Traufkante, in dichter Reihe kleine plastische Löwenköpfe, deren Mäuler zwar aufgesperrt, in der Kehle aber geschlossen, niemals Wasser gespien haben. Sie sind offenbar eine Erinnerung an wirkliche Wasserspeier anderer Bauten und durch jonischen Einfluß hierhergekommen.

Diese am obersten Teil des Gebälkes angehefteten Platten waren Witterungseinflüssen besonders ausgesetzt, und manches beschädigte oder heruntergefallene Stück mußte im Laufe der Zeit ersetzt werden. Durch unwillkürliche oder absichtlich bessernde Veränderungen mußten die neueren Teile sich von den älteren unterscheiden, und auch hier sind Löwenköpfe und Ornamente aus früheren und späteren Zeitabschnitten zu erkennen (Abb. 19, 20, 24, 25). Die älteren mögen der Erbauungszeit der Basilika nicht fernstehen, sind bäuerlich derb, aber manches Bruchstück der Löwenköpfe hat neben drastischen Formen von Maul und Ohren einen unheimlich eindringenden Blick. Die jüngeren sind eine gute Weile später gemacht, sind straffer und eleganter, doch haben sie so spitze Schnauzen, daß sie Hunden fast ähnlicher sehen als Löwen. Wohl sind sie flüssiger in den Zug der Ornamente eingefügt, dafür aber viel weniger wesenhaft.

Es gibt noch andere Terrakottareste, nur wenige Stücke, und die müssen noch älter sein als die derben Löwen. Das wichtigste ist das Eckstück einer Giebelsima, welches nach seiner Größe (die Höhe beträgt 36,7 cm) und seinem Fundort zur Basilika gehören muß. An der Ecke, und zwar in Richtung der Traufkante, schließt sich mit dem Profil einer Sima eine Lotosblüte an, von welcher Ranken zu einer benachbarten weiterleiten. Diese fehlt zwar, statt ihrer ist aber eine andere aus der anschließenden Reihe vorhanden (Abb. 21, 22, 23). Es muß also ursprünglich ein solcher Zaun von Blüten die Traufkante des Daches eingefaßt haben, zwischen denen durch Ausschnitte unter den Ranken das Wasser abfließen konnte. Wie diese ausgeschnittenen Blüten mit den späteren Löwen-Traufziegeln vereinigt wurden und wo andere Terrakottaglieder mit plastisch vortretenden und als Blumen bemalten Schalen (Abb. 24) hingehört haben, wird vielleicht nie mehr zu erfahren sein. Für uns ist diese Sima über die schöne altertümliche Prallheit des Blütenschmuckes hinaus darum so besonders wichtig, weil das Eckstück beweist, daß die Basilika von Anbeginn Giebel hatte und nicht etwa ein abgewalmtes Dach über den breiten Fronten.

Das Fehlen von Gesims und Dach beeinträchtigt die Erscheinung der Basilika wohl, das Wesen dieser Architektur kam aber im ursprünglichen Zustand nicht anders, höchstens noch gesteigert zum Ausdruck. Denn die Gegensätzlichkeit von Last und tragender Kraft, von Monumentalität und Zierlichkeit kann bei

Erhaltung aller Glieder nur noch größer gewesen und das unverbundene Zusammentreffen der senkrechten und waagerechten Teile des Baues nur noch stärker zur Erscheinung gekommen sein. Der Bau war in seiner Stimmung vielleicht anders, er war aber bestimmt nicht harmonischer. Denn die gleiche Unmöglichkeit, seine zusammengesetzten Glieder mit dem ersten Blick als ein Ganzes zu umfassen, besteht auch für die einzelne Säule, und sie wirkt auch beim jetzigen Zustand der Basilika beunruhigend auf den Betrachter ein. Das würde als ein Mangel erscheinen, wenn das Fehlen einer geschlossenen Erscheinung des Ganzen nicht aufgewogen wäre durch die stärkste plastische Verwirklichung der Einzelheit. Die einzelnen körperlichen Gebilde haben eine ungeheure plastische Intensität und erhalten dadurch eine eigentümliche Härte. Der Blick stößt sich gewissermaßen überall an Körpern und nimmt Kanten und Flächen nie im eigentlichen Sinne als Konturen wahr. Daher kommt es, daß man selbst beim heutigen Zustand des Gebäudes und beim Ausblick aus der jetzt leeren Ringhalle immer Säulen vor einem Hintergrund oder in der Luft stehen sieht, niemals aber spontan die lichte Weite des Säulenjoches als Figur wahrnimmt, obwohl deren Form äußerst eindrucksvoll ist (Abb. 8, 9, 56). Es tritt daher auch nicht in Erscheinung, daß die Säulen an Fronten und Seiten verschiedene Abstände haben, mithin diese Form wechselt. Denn als reiner Hintergrund hat sie auch keine eigenen Grenzen, sondern ihre Konturen werden nur als die Begrenzungsflächen der anstoßenden Säulen wahrgenommen.

Wo sich die Körper zu den Zwischenräumen so verhalten, daß die ganze Aufmerksamkeit auf das plastische Gebilde gesammelt wird und der umgebende Raum nicht an der Erscheinung mitwirkt, werden die Einzelkörper völlig isoliert. Daher haben die Säulen in ihrer Reihung nichts miteinander zu tun. Diese Reihung ist nur eine Wiederholung, aber keine Gruppierung, und die Zahl der Säulen hat in formaler Hinsicht gar keine Bedeutung. Es würde nichts Wesentliches geändert, wenn der Bau länger, kürzer oder quadratisch wäre, und selbst wenn von diesem Bau nur eine einzige Säule erhalten wäre, so würde damit das Bild dieser Architektur in seinen wichtigsten Zügen noch vollständig bewahrt sein. Bei dem großen Eindruck, den dieses Gebäude auf uns macht, kann man zwar in der Phantasie sein Bild nicht in eine andere Größe übertragen, mit seinem Wesen haben aber seine Abmessungen und die Zahl der Säulen nichts zu tun. Der ganze Bau ist die Summe seiner Einzelteile, aber nicht das Ergebnis einer Komposition. Daher muß die Wahl der Säulenzahl – neun an der Front, zweimal neun an der Seite –, wenn sie nicht zufällig ist, einen anderen, außerformalen Grund haben, die Zahl muß etwas *bedeuten.* Was sie bedeutet, ist an der Basilika nicht festzustellen, wohl aber gibt es an anderen Orten altertümliche Tempel, bei denen das Maßverhältnis von Breite und Länge in der Säulenzahl dargestellt worden ist. Die Unmöglichkeit, die Basilika als ein Ganzes zu begreifen, ist also wirklich im Wesen dieser Kunst und nicht im Zustand ihrer Erhaltung begründet. Gerade hier ist das Fehlen von Gesims und Dach keine wesentliche Beeinträchtigung. Nicht Architektur im eigentlichen Sinne ist die Basilika, sondern eine Häufung plastischer Körper mit architektonischer Funktion. Der Bau hat etwas Naturhaft-Leibhaftes, aber er ist nicht das Bild eines einfachen lebenden Körpers, sondern jedes Glied hat für sich diesen Charakter des Lebendigen. Diese Lebendigkeit ist nicht eine Belebung und Beseelung des Steines durch die Mittel der Kunst, sondern sie hat den Sinn von wirklichem, eigenem Leben. Daß es naturhaft sei, ist allerdings nur ein Schein, den der Zustand der Ruine bewirkt. Die silbrig grauen und zarten gelblich-rötlichen Töne gleichen den Bau jetzt der Landschaft an, der Stein ähnelt wieder dem Fels der Berge, wo er gebrochen wurde. Hier fehlt der glatte, blendende Stuck. Diese Glieder leben wohl, aber nicht der Natur verbunden, sondern, wenn auch nicht in ihren Maßen, so doch in ihrem Wesen der Natur mit einer Gewalt entgegengesetzt, die sich ihr gegenüber behaupten konnte. Hier sollten keine Bilder geschaffen werden, sondern hier sind Körper gemacht, die im allereinfachsten Sinne wirklich sind.

Welcher Zeit gehört eine solche Kunstweise an? Die Aufstellung von Säulen, bei denen jedesmal mit Nachdruck gesagt zu sein scheint: „So und nicht anders ist diese Säule", setzt die gleiche Gesinnung voraus wie die naive Schilderung von Mythen und Begebenheiten in vielen archaischen Bildwerken. Da wird auch drastisch oder anmutig, zierlich oder gewaltig, genau erzählt, was als Begebenheit überliefert ist. Auch da haben die Gestalten diese plastische Deutlichkeit und gewisse Härte, sind die Konturen nichts anderes als Körpergrenzen. Die erstaunliche Zierlichkeit und Kleinheit mancher Schmuckglieder der Basilika, wie die Rundstäbe am Antenkapitell und der Blütenkranz an einem Säulenkapitell, überraschen wohl bei der Mächtigkeit der geschmückten Körper, aber sie entsprechen in ihrem Wesen genau den Halsbändern einzelner kraftvoller archaischer Jünglingsfiguren, die schmal und mit kleinen Schleifen gebunden den starken Hals umspannen. Hier wird eben ohne Bezug auf das Ganze das Mächtige mächtig und das Zierliche zierlich gemacht. Dies alles sind altertümliche Züge. Daß aber bei der Basilika auch die großen Glieder selbst trotz ihrer

Monumentalität und gewaltigen Ausdruckskraft eine gewisse Zierlichkeit haben, daß der Grundriß trotz der klar und konsequent durchgeführten Säulenstellung in der Mittelachse nicht gewisse einfache Grundeigenschaften, wie die Bedeutung der Säulenzahl, erkennen läßt, daß trotz verschiedener Jochweiten die Säulen an Fronten und Seiten vereinheitlicht und daß trotz der verschiedenen Friesmaße einfache Verhältnisse von Triglyphen zu Metopen angestrebt sind, das alles zeigt ein leises Schwanken der Erbauer zwischen dem naiv urtümlichen Machen der Dinge auf der frühen und dem bewußten und zierlichen Schaffen auf der späten Stufe der archaischen Zeit. Die Basilika muß daher in der Mitte des archaischen, des sechsten Jahrhunderts gebaut worden sein.

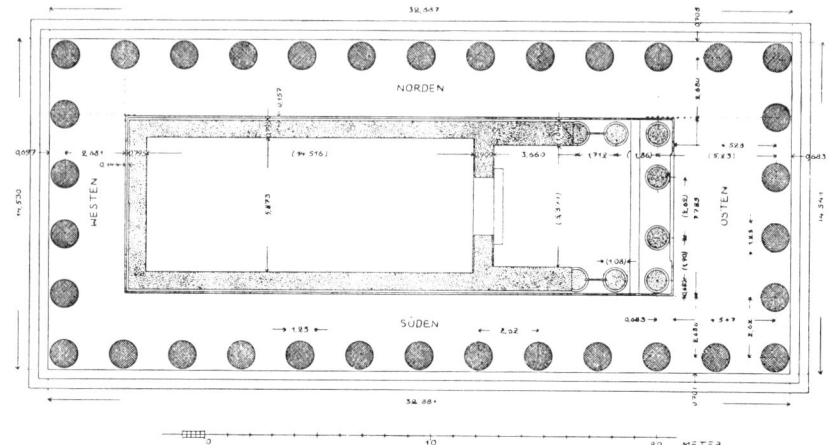

Fig. 3

DER CERESTEMPEL

Jedem Besucher von Paestum sei geraten, sich zuerst in die nördliche Hälfte des Stadtgebietes zum Cerestempel zu begeben. Wenn man die großen Tempel auch nur aus der Entfernung erblickt hat, liegt die Versuchung sehr nahe, gleich dorthin zu gehen, aber die Folge wäre eine Unfähigkeit, den Cerestempel danach noch richtig zu sehen und seine Architektur zu begreifen. Und das ist deswegen so wichtig, weil eine ganz spezifische Eigenschaft griechischer Kunstwerke hier unverhüllt und unmittelbar erscheint, während sie drüben durch gewaltigere Eindrücke überdeckt wird und nur mittelbar durch andere Eigenschaften zur Wirkung kommt. Überwältigt von der Monumentalität der großen Tempel würde man beim Cerestempel seinen charakteristischen Wesenszug als Mangel statt als Vorzug aufnehmen, und man empfände vielleicht eine kühle Leere, wo man sich bezaubern lassen sollte. Tritt man aber zuerst vor diesen Tempel hin, so überrascht einen diese Eigenschaft, die man nach Bildern oder in der Vorstellung in solchem Maße gewiß nicht erwartet hätte: es ist seine Zierlichkeit, die Kleinheit der Dimensionen und vor allem die körperliche Nähe, in welche

36

auch die entfernteren und hochgelegenen Teile gerückt erscheinen (Abb. 27–32). Und zwar ist diese Überraschung jedesmal neu, auch wenn man sich die Abmessungen vergegenwärtigt und, sie abschätzend, langsam auf den Tempel zukommt. Denn sie steht im Gegensatz zu der Großheit der Formen und der Einfachheit ihres Aufbaues. Freilich war diese Einfachheit früher, als die oberen Glieder noch alle am Platz waren mit Stuck und Farbe, und die Profile noch ihre kräftigen Ornamente trugen, nicht so schlicht wie die der Ruine jetzt, aber dafür muß die räumliche Nähe noch eindringlicher gewirkt haben.

Diese körperliche Nähe, dieser Zustand, als befände man sich mit den Kunstwerken in einem umgrenzten Raum, ist allem Griechischen eigen, kommt aber in den erhaltenen Bauten nirgends so allein zur Erscheinung. Er wird hervorgerufen durch die plastische Intensität der griechischen Formen, die den Betrachter in eine unausweichliche spürbar-räumliche Beziehung zu den körperlichen Gebilden bringt, deren Anziehungskraft um so stärker wird, je größer ihr plastischer Gehalt ist. Bei der Basilika ist daher diese Anziehungskraft für jedes einzelne Glied viel größer, so groß wie überhaupt möglich, doch wirkt ihr dort die Monumentalität entgegen, welche den Betrachter wieder distanziert. Hier am Cerestempel ist nichts monumental, auch haben die Einzelglieder nicht jene urtümliche plastische Kraft, die eine allzu große Annäherung erzwingt. Unsere räumliche Beziehung zu ihnen bleibt ganz in menschlichen Dimensionen, und unser Verhältnis zum ganzen Bauwerk wird dadurch ein besonders intimes.

Deshalb ist es so wichtig, von dem Eindruck der Basilika frei zu sein, und dies um so mehr, als die einzelnen Formen am Cerestempel für den ersten flüchtigen Blick eine große Ähnlichkeit mit denen der Basilika haben. Auch am Cerestempel sind die Säulen stark verjüngt (Durchmesser unten 1,25 m, oben 0,852 m), ladet das Kapitell weit aus (Breite des Abakus 1,769 m), auch hier treten die Grate der Kannelierung scharf hervor und liegt ein Blätterkranz unter dem Kapitell. Aber es ist doch alles anders gebildet, jede Heftigkeit des Ausdrucks fehlt und ebenso jede Härte in der Erscheinung der plastischen Körper. Hier ist alles gemildert, und die gegensätzlichen Elemente der Formen halten sich völlig die Waage. Der Säulenschaft ist wohl deutlich geschwellt, die Säule aber im ganzen so schlank, daß ihr jede Prallheit fehlt (Abb. 31, 33, 34), und die zwanzig Kanneluren gehen trotz ihrer geringen Eintiefung so weich gerundet in die Grate über, daß Kanten und Kehlen zusammen in gleichem Maße die Oberfläche darstellen, welche in keiner Weise einen Spannungsausdruck erhält. Die

Kurve des Kapitells steigt gleich an ihrem Ansatz aufwärts, und wenn Kapitell und Säulenschaft durch den Blattkranz auch deutlich gegeneinander abgesetzt sind, so besteht doch kein harter Gegensatz der Richtungen mehr. Der Blattkranz selbst vermittelt den Übergang, und man kann nicht entscheiden, ob er mehr ein Glied des Schaftes oder des Kapitells ist (Abb. 35, 36). Die Reihe der Blätter bildet durch ihr Profil zwar auch eine umlaufende Kehle wie bei der Basilika, sie schneidet aber nicht in den Schaft ein, sondern der ganze Kranz ist im Winkel unter dem Echinus wie ein Halsband um die Säule gelegt. Der untere Rand dieses Bandes tritt wulstförmig vor und fängt zugleich die Kanneluren auf. Kannelieren und Blätter stehen also dicht übereinander und folgerichtig in einem festen Zahlenverhältnis: es gehen genau immer zwei Blätter auf eine Kannelur (Abb. 36). Die Außensäulen stehen alle noch. An den Kapitellen sind vielfach Stücke vom Echinus und Ecken oder ganze Seiten des Abakus abgebrochen, und ein großes fehlendes Stück ist an einem Kapitell an der Innenseite der Westfront schlecht und schief aus Zement ersetzt (Abb. 32 links neben der Mitte), in der Farbe allerdings täuschend dem Tempelstein angepaßt.

Vom Gebälk liegt an den Langseiten nur noch die untere Schicht des Architravs, an den Fronten stehen noch Teile des Frieses und darüber Reste der Giebel bis zum Geison hinauf. Die obere Schicht des Architravs bestand aus Sandstein und trug innen und außen plastisch verzierte Profile. Innen kann man noch recht gut einen Eierstab erkennen (Abb. 32, 33), außen nur geringe Reste von großen, im Profil S-förmig geschwungenen lesbischen Blättern. Diese im Material gesondert gearbeitete Profilschicht (Höhe 32,9 cm) gehört formal zum Architrav und ersetzt wieder die dorische Taenia mit den Tropfenleisten. Der Querschnitt des ganzen Architravs ist etwas höher als breit (Höhe 1,036 m, Breite 0,997 m), die Balkenbreite übertrifft dabei doch die Stärke der Säule oben am Hals beträchtlich (oberer Durchmesser 0,852 m). Der Fries ist aus zwei hintereinander stehenden Plattenreihen zusammengebaut (Höhe 0,92 m). Die innere Reihe läuft als glattes Band durch, die äußere bildet die Metopen mit Vertiefungen dazwischen, in welche die Triglyphen eingesetzt waren (Abb. 28, 31, 32). Nur in der Mitte der Ostfront steht noch eine Triglyphe oben, den Rhythmus der Verteilung veranschaulichen aber die vertieften Nester der Triglyphen sehr gut. Auch die durch die Schmalheit der Triglyphen (die Breite beträgt 55,0 cm) bedingte starke Verbreiterung der Eckmetope ist leicht vorstellbar (Abb. 31). Die eigentümliche Steinfügung im Fries hat einen doppelten Grund. Die Triglyphen sind sehr fein geformt und darum aus Sandstein gemacht

(Abb. 40) und zwischen die Kalksteinmetopen eingesetzt. Und die Metopen-platten sind wie die inneren Friesplatten so geschnitten, daß der Architrav zwischen den Säulen nicht vom Fries belastet wird. Dazu mußten je zwei Me-topen aus *einem* Stück bestehen und die Stoßfugen der Platten hinter den Tri-glyphen liegen, die über den Zwischenweiten der Säulen standen (Abb. 28, 30). Auf diese Weise blieben die Schwerpunkte der einzelnen Friesplatten genau über den Säulen und sie hielten sich selbst im Gleichgewicht.

Über dem Fries hört an diesem Tempel jede Verwandtschaft mit den dori-schen Formen auf. An der Außenseite ist der Fries mit zwei Sandsteinschichten abgedeckt, deren Profile am Bau kaum oder gar nicht mehr zu erkennen, an Fundstücken aber noch genügend erhalten sind. Die obere trug einen mächtigen Eierstab mit einem Perlstab darunter (Abb. 38, Höhe 29,6–29,9 cm), von der unteren gibt es ein einziges sehr schön erhaltenes Stück, das nach seinen Maßen sicher an diese Stelle gehört. Denn es stimmt nicht allein seine Höhe (24,7 cm) genau mit der am Bau befindlichen Schicht überein, sondern auch seine Tiefe mit dem vorhandenen Platz. Dieser Sandsteinstreifen greift nämlich nicht durch die volle Tiefe des Gebälkes durch, sondern wird nach innen durch eine flach liegende Kalksteinplatte fortgesetzt, die mit einer großen Hohlkehle als Gesims über den Fries vortretend die Decke der Ringhalle getragen hat (Abb. 32). Die sichere Zuweisung des vorhandenen Stückes an diese Stelle im Gebälk ist darum so wichtig, weil es als einziges Zierglied dieses Tempels statt eines plasti-schen ein ganz in der Fläche bleibendes Ornament trägt. Es ist ein in den Win-dungen einer steilen Wellenlinie geführtes Band (Abb. 39). Ein solches flaches Bandmuster über dem dorischen Fries muß zunächst sehr überraschen, und doch ist es ganz folgerichtig an diese Stelle gesetzt. Denn da die Triglyphen vor- und die Metopen zurücktreten, ist die Unterfläche der deckenden Schicht über den Metopen von unten her sichtbar (Abb. 31). Eine solche streckenweise frei über-hängende Schicht konnte aber kein plastisches, also gewellt vortretendes Profil erhalten, weil dieses für das tektonische und plastische Empfinden der Griechen gleichsam durch den Druck einer unteren und oberen Schicht entstanden zu sein schien. Die Schicht über dem Fries stellt daher nur eine deckende Platte dar, die an der Stirn eben bleiben mußte, während die darauffolgende, da sie auf dieser Platte voll auflag, wieder ein plastisches Profil erhalten konnte, eben den großen Eierstab.

Das Geison der Langseiten läuft an den Giebelfronten nicht horizontal um, sondern steigt von den Ecken an direkt an den Giebeln zum First hinauf, das Horizontalgeison fehlt. Von den Fronten gesehen, nähert sich das Dach damit der einfachsten Form des Satteldaches, nur ist die Unterseite des Traufgeisons etwas weniger geneigt als die Dachfläche. Da das Geison durch das große Eierstabprofil vom Fries getrennt ist, wird der Triglyphenrhythmus auch nach oben nicht durch Mutulen wiederholt. Die Unterfläche des Geisons ist daher ganz anders ausgebildet als sonst über dorischen Gebälken. Sie ist durch stark eingetiefte quadratische Kassetten gegliedert, in deren Mitte jedesmal eine stern- oder rosettenförmige Blüte aus Sandstein eingesetzt ist. Die Kassetteneinteilung hat keine Beziehung zur Säulenstellung und kann sie auch nicht haben. Sie mußte so gewählt werden, daß zwischen den Kassetten unter den Geisonecken, wo sich die Unterflächen des Geisons der Traufe und des Giebels vereinigen, eine ganze Zahl von Kassetten aufgeht: es sind 48. Nun hat der Tempel zwar 13 Säulen an den Seiten, mithin 12 Säulenjoche, aber da die Reihe der Kassetten nicht über der ersten Säulenachse, sondern weiter außen über der Gebälkecke beginnt, verschiebt sich die Kassetteneinteilung notwendig gegen die Säulenstellung, und die Kassetten werden etwas größer als ein Viertel der Jochweite.

Die Ornamentstreifen der Sandsteinschichten, welche durch jonischen Einfluß hier ins dorische Gebälk gekommen sind, sind auch nach jonischer Weise in Zusammenhang mit der Säulenstellung eingeteilt, und es gehen genau 25 der lesbischen Blätter am Architrav, 23 Schlingen des Wellenbandes und 21 Eier des obersten Profiles auf ein Säulenjoch. Diese Ordnung war ein wichtiges Hilfsmittel für die genaue Ausführung, und sie zeigt, wie man die einzelnen Elemente nach oben zu etwas verbreiterte, und zugleich, wie streng die Regelmäßigkeit der Einteilung und die Abwägung der Bemessung aufgefaßt wurde. Aber bei der Kleinheit der Gliederung ist diese Beziehung auf das Säulenjoch wenig spürbar. Der Fries ist also beim Cerestempel die einzige Schicht des Gebälkes, die den Rhythmus der Säulenstellung deutlich sichtbar wiederholt.

Das Geison trug an allen Tempelseiten eine hohe Sima aus Sandstein (Höhe an der Front 40,3 cm, an der Seite 38,0 cm). Sie war nötig, da die Stirn des Geisons niedrig ist (24,8 cm) und über den hohen Profilen im Gebälk allein zu schwach erschienen wäre. An der Innenseite der Traufsima war in der Neigung der Dachfläche die unterste Ziegelreihe angearbeitet. Diese bestand also aus schwerem Sandstein und lag dafür ganz auf der schrägen Oberfläche des Geisons auf. Außen trug die Sima einen Schmuck von schlanken Lotosblüten und Palmetten. Sie stehen dicht nebeneinander, die Blüten sind weit offen, und die

Blütenblätter bilden in schönem Schwung aufsteigend die Umrahmung der Zwischenfelder. In diesen sitzen abwechselnd Löwenköpfe als Wasserspeier und Palmetten (Abb. 37). Durch die Mitte der Palmette schneidet jedesmal die Fuge der zusammenstoßenden Simakästen. Deren Länge und damit die des Ornamentintervalles ist 71,2 cm. Sie hat wieder keinen Zusammenhang mit der Jochweite der Säulenstellung, und ein solcher war hier oberhalb der Kassetten auch nicht zu erwarten. An der Giebelsima hat statt der Wasserspeier ein anderes plastisches Zierglied gesessen, es ist an dem einzigen erhaltenen Stück aber nicht zu erkennen, was es dargestellt hat. Die Dachfläche war über der untersten steinernen Reihe mit tönernen Ziegeln belegt. Von den Akroteren ist kein sicheres Bruchstück vorhanden.

Die geschlossene Sima an den Traufseiten und die durchlaufenden Blatt- und Eiprofilschichten im Gebälk sind jonisch. Wie stark dieser jonische Einfluß in Paestum war, zeigt sich noch deutlicher im Innern des Tempels an der Cella. Diese hatte nur *einen* geschlossenen Raum. Die Vorhalle war außerordentlich tief und hatte deshalb keine einfache Antenfront, sondern Säulen auch an den Seiten. Es stehen also vier Säulen an der Cellafront und hinter den Ecksäulen noch zwei weitere an jeder Seite. Und diese acht Säulen waren jonisch. Das ist schon an den neben dem Tempel liegenden Säulentrommeln zu sehen, deren Kanneluren nicht mit scharfen Graten aneinanderstoßen, sondern durch schmale Stege voneinander getrennt sind (Abb. 35 im Vordergrund). Es sind 28 so schmale Kanneluren, daß sie kaum mehr eine plastische Gliederung der Säulenschäfte, sondern mehr eine von Licht und Schatten belebte Liniierung bewirkten. Die Säulenbasen sind so zerstört, daß gerade noch ihre Zusammensetzung aus einem verhältnismäßig hohen glatten Zylinder und einem darüberliegenden kräftigen Wulst zu erkennen ist. Über diesem setzte mit anfangs stark sich einziehendem Umriß der kannelierte Schaft an. Von den jonischen Kapitellen ist nichts erhalten, und wie das Gebälk über diesen Säulen ausgesehen hat, ist ganz unbekannt. Die hintersten Säulen waren an der Rückseite abgeflacht und deckten die Mauerstirnen der Cellalängswände. Diese aber erschienen noch um ein Joch vorgezogen, indem das anschließende Joch der Seitensäulen bis oben hin mit dünnen Platten verschlossen war. Diese Säulen standen außerdem ungewöhnlicherweise 30,2 cm höher als die vier Säulen der Front. Der Cellafußboden lag sehr hoch über dem Pflaster der Ringhalle. Die Cella ist bis zur Bodenhöhe erhalten (Abb. 32), und ihr Sockel liegt jetzt wie ein Klotz inmitten des Tempels (Abb. 28, 31). Für die Erscheinung der Ringhalle als Raum ist auch dieser geringe Rest der Cella von großer Bedeutung (Abb. 33).

Der Stufenbau des Cerestempels ist der besterhaltene in Paestum. Dadurch wird die architektonische Erscheinung der Ruine sehr gesteigert, und der Bau löst sich von unten an klar von der Umgebung ab. Das ist darum so wichtig, weil diese nicht nur wie an den großen Tempeln bis auf das späte tiefe Niveau herunter ausgegraben ist (Abb. 27), sondern im Osten durch viele Reste von Anbauten aus einer Zeit, als der Tempel Kirche war, einen verwirrenden Eindruck macht (Abb. 29, 30, 31, 35). Unter diesen befindet sich aber auch der ausgegrabene große Altar, 29,8 m von der Unterstufe des Tempels entfernt. Von ihm führte ein gepflasterter Weg in der Breite eines Säulenjoches auf die Mitte der Tempelfront zu (Reste der Rampe vor den Stufen Abb. 31).

Die Wirrnis in der näheren Umgebung und die Abgrenzung eines „Tempelbezirkes" durch Reihen angepflanzter Zypressen stören zwar die Betrachtung, sie können aber nicht die Wirkung der wesentlichsten Züge dieses Gebäudes verhindern. Von woher man sich dem Tempel auch nähern mag, immer ruht das Auge auf der ganzen Erscheinung, umfaßt der Blick den ganzen Bau als einen einzigen Körper. Es ist dabei ganz gleichgültig, ob man den Tempel aus der Ferne oder der Nähe, übereck, genau seitlich oder frontal sieht (Abb. 26–31). Der Blick umschließt den ganzen Tempel so fest, daß er das Gefühl einer sanften Berührung, des Tastens und Abgreifens erweckt. Am greifbarsten wird diese Körperlichkeit, wenn das Auge über der Höhe der Säulen den liegenden Rahmen des Architravs „umfaßt".

Die Erklärung dieser eigentümlichen Erscheinung liegt in den Maßen des Tempels. Seine Länge im Stylobat, also in der obersten Stufe, beträgt 32,887 m, das sind 100 Fuß. Dieses Maß kann kein zufälliges sein und ist offenbar das Bestellmaß des Bauherrn. Die Zahl der Säulen ist sechs an der Front und dreizehn an der Seite, und die Jochweiten betragen alle gleichmäßig acht Fuß. Das von den Säulenachsen gebildete Rechteck mißt somit 40 : 96 Fuß. In der Erscheinung des Tempelkörpers spielt aber diese Abmessung in den Säulenachsen gar keine und die waagerechte Abmessung des Stufenbaues nur eine geringe Rolle. Von größter Bedeutung ist dagegen die Lage der Stirnfläche des Gebälkes. Die Breite des Architravbalkens beträgt 99,7 cm (ein wenig mehr als drei Fuß), und dieses Maß zur Breite und Länge des Achsenrechteckes addiert ergibt das Grundrißrechteck in den Außenkanten des Gebälkes mit einem Seitenverhältnis von 1 : 2,3. Weiter sind aber die Säulen so bemessen, daß ihre ganze

Höhe (6,122 m) sich zur Breite des Tempels im Gebälk ebenfalls verhält wie 1 : 2,3, und zwar sind in beiden Fällen diese Verhältniszahlen sehr genau eingehalten. An dem von den Säulen gebildeten räumlichen Körper verhalten sich also die Höhe zur Breite wie die Breite zur Länge, wobei das Längen- und Breitenverhältnis nicht in den Säulenachsen, sondern in der Außenfläche des Architravs gegeben ist. Die Breite ist die mittlere Proportionale zwischen Höhe und Länge, und das querstehende Rechteck der Säulenfront hat das gleiche Seitenverhältnis wie das liegende Rechteck des Gebälkes. Offenbar ist eine so einfache Beziehung zwischen den Flächen eines Körpers bei den klaren Formen dieser Architektur so spürbar, daß sie unmittelbar bemerkt wird. Es ist sicher, daß bei den Griechen mit ihrem außerordentlich geschulten Auge jeder einzelne eine solche räumliche Bemessung des Tempelkörpers sofort empfunden hat. Für uns Heutige ist das erleichtert, weil der Tempel mit dem noch erhaltenen Architrav ja gerade den so bemessenen Kubus zeigt. Über ihm ist aber noch das hohe Gebälk zu ergänzen, welches an den Seiten bis zur Sima hinauf eine Höhe von 3,06 m, also gleich der halben Säulenhöhe, gehabt hat. Die Giebel dagegen stören in ihrem jetzigen Zustand eine richtige Vorstellung von der Form des Gebäudes beträchtlich. Sie sind mit Ziegelmauerwerk stark ausgeflickt und haben dadurch senkrechte Seitenkanten erhalten, die unwillkürlich als absichtliche Begrenzungen wahrgenommen werden. Das Auge kann die Form nicht mehr ergänzen wie an einem natürlichen Bruch. Dadurch erscheint der Tempel jetzt zu schmal, in Wirklichkeit war die Breite viel stärker betont (Abb. 30 gibt den Breiteneindruck vielleicht richtig). Durch die fragmentarischen Giebelkulissen kommt auch die jetzige Leere des Innenraumes besonders deutlich zur Erscheinung (Abb. 29), indessen ist durch ihr Vorhandensein die Firsthöhe und die Dachneigung noch genau sichtbar.

So einfach wie die Verhältnisse der äußeren Abmessungen des Tempels sind auch die inneren. Die Weite der Ringhalle entspricht an den Seiten und hinten genau einem Säulenjoch, vorn deren zwei. Nach Abzug der Säulenjoche für die Ringhalle an allen Seiten bleibt für die Cella, in den Außenflächen der Wände und den Achsen ihrer Frontsäulen gemessen, die Breite von drei Frontjochen und die Länge von neun Seitenjochen. Da alle Joche untereinander gleich sind, hat die Cella das einfache Grundrißverhältnis von 3 : 9 = 1 : 3. Von diesem ist beim Entwurf des Tempels wohl ausgegangen worden. Durch eine einjochige Ringhalle an allen vier Seiten ergäbe sich für das Rechteck der Säulenachsen das Verhältnis 5 : 11, welches durch die doppelte Tiefe der vorderen Querhalle auf 5 : 12 verändert wird. Fünf Joche an der Front und zwölf an der Seite erfordern dann sechs Säulen an der Front und dreizehn an der Seite, wie sie auch ausgeführt sind. Dabei war die Länge des Tempels von 100 Fuß im Stylobat von vornherein festgelegt. Die Erbauer zeigten sich also der Aufgabe völlig gewachsen, ein solches Entwurfsschema in ein festes äußeres Längenmaß einzufügen, und hatten es nicht nötig, die einfachen Verhältnisse abzuändern.

Diese Einfachheit der Beziehungen ist ja auch in den Aufbau übertragen und durch den besonderen Kunstgriff, daß die Maße des Entwurfsschemas durch die Abmessungen der sichtbaren Körperflächen ersetzt wurden, vollkommen sichtbar gemacht. Daher kommt es eben, daß der Cerestempel, gleich, ob aus großer Entfernung oder aus allernächster Nähe, den Eindruck eines geschlossenen Baukörpers macht, der in seinen Verhältnissen vollkommen übersichtlich, richtig und in keiner Weise veränderbar ist. Auch das Verhältnis des Gesamtkörpers zu seinen Einzelgliedern verstärkt diesen Eindruck. Die Intensität der Plastik des Säulenkörpers ist hier so gedämpft, daß die einzelne Säule nicht mehr als Individuum hervortritt und die Tempelseiten nicht von einer Summe von Einzelsäulen, sondern von geschlossenen Säulenreihen gebildet werden. Die Geschlossenheit dieser Reihen ist aber abhängig von bestimmten Maßverhältnissen, die hier aus dem Säulenwald den Tempelkörper entstehen lassen. Die Zusammenschließung zu einer Körperseite erfolgt also nur von außen her durch die Bemessung, die Form der Einzelsäule stört dabei nicht (was bei den Basilikasäulen der Fall wäre), sie wirkt aber auch nicht aktiv mit an der Verbindung von Säule zu Säule über die Zwischenweiten hinweg. Die Einzelformen sind sehr schön, sie beruhen ganz in sich und weisen weder, wie die Säulen der Basilika, durch überbetonte plastische Intensität auf sich zurück, noch durch den Fluß der Bewegung über sich hinaus. Sie haben eine bezaubernde und fast zarte Anmut und sind gar nicht monumental. Darum ist es in diesem Fall der große Vorzug, daß der Tempel so klein ist, weil die Einfachheit der Verhältnisse bei der Lebendigkeit der Einzelformen nur dazu beiträgt, die auffallendste Eigenschaft dieses Gebäudes, seine Zierlichkeit, hervortreten zu lassen. Eine Übertragung in große Verhältnisse würde die Abwesenheit jeglicher Monumentalität als Mangel und die Einfachheit als Schema empfinden lassen, in den kleinen Dimensionen aber erhöht die Geheimnislosigkeit und klare Durchschaubarkeit nur den besonderen Reiz dieses Tempels, den man sich wohl eben seiner Zierlichkeit wegen einer weiblichen Gottheit geweiht dachte.

Wann wurde dieser Tempel gebaut? Er ist geschaffen mit der vollkommenen Beherrschung aller Mittel, mit einer beinahe kühl anmutenden Souveränität. Die Kraft, die hier am Werke war, konnte das kleine Gefäß noch ganz ausfüllen und bis in den letzten Winkel hinein beseelen, aber weit kann der Weg von hier aus nicht mehr sein bis zu dem Punkt, wo das Verfahren zur leeren Schablone werden würde. Es ist ein Endzustand erreicht, in dem keinerlei Spannung und drängende Kraft, aber ebensowenig eine Schwäche zu spüren ist. Es gibt am ganzen Tempel keine einzige Stelle, wo die Form selbst leer geworden, wo die Anmut bloßes Spiel wäre. Jedes einzelne Glied an Säulen und Ornamenten hat ein blühendes Leben, wenn auch zurückhaltend und in sich beruhend. Und die Zierlichkeit kommt nicht aus einem Mangel an Kraft, sondern sie setzt sich als eine wesenhafte Eigenschaft gegenüber der Großzügigkeit der Formgebung durch. Der Cerestempel wird daher etwa am Anfang des letzten Jahrzehnts des sechsten Jahrhunderts, um 510, gebaut sein. Er ist die vollkommene Architektur einer im eigentlichen Sinne unarchitektonischen Zeit.

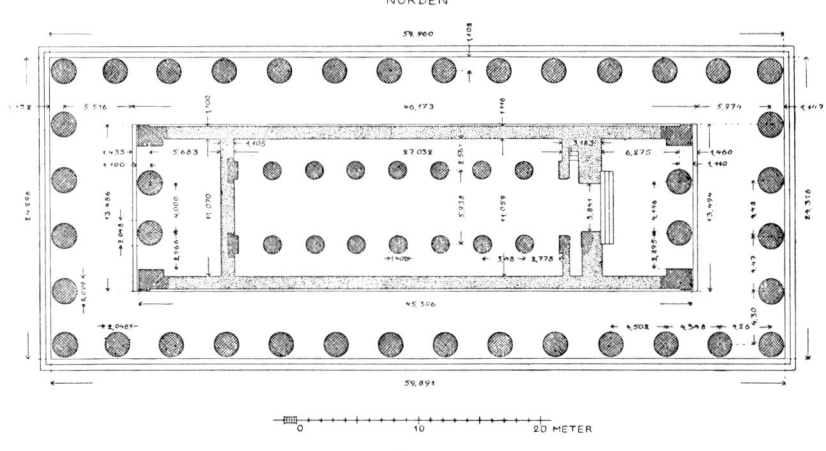

Fig. 4

DER POSEIDONTEMPEL

Nahe bei der Basilika steht groß und bedeutend der Poseidontempel. Er beherrscht das Stadtgebiet und ist von weit her in der Ebene von Paestum als dunkler, langgestreckter Körper zu erkennen. Er sammelt sofort die ganze Aufmerksamkeit auf sich, auch wenn nur ein Teil von ihm sichtbar wird. Seine Erscheinung ist eindeutig und verändert sich nicht, ganz gleich, ob der Blick auf den Tempel frei ist oder Buschwerk ihn teilweise verdeckt, ob er in der Entfernung auftaucht oder sich unmittelbar vor uns mächtig erhebt (Abb. 1 u. 58, 41 u. 4, 57 u. 44). Die Fronten und Seiten des Poseidontempels, so verschieden sie voneinander sind, zeigen auch bei rein orthogonaler Ansicht, daß sie ein und demselben Bau angehören, und die Ansichten übereck erhalten dadurch eine vollkommene Ruhe (Abb. 41, 43, 44). Diese Unveränderlichkeit der Erscheinung ist nicht starr, denn die ganze Architektur ist beseelt. Drängende Kräfte stellen sich in den mächtigen Säulen dar, aber sie sind zu vollendeter Harmonie in den ganzen Bau eingebunden, denn Spannung und Ausgewogenheit sind ganz ins Gleichgewicht gebracht. Dabei empfindet man jede der beiden, die Spannung

46

und die Ausgewogenheit, gleichzeitig *und* gesondert, und darum erschöpft sich dieser Ausdruck niemals, sondern stellt immer erneut die Frage nach dem *einen* überwiegenden Wesenszug. Es gibt ihn nicht. Das ist kein Zwiespalt, der bliebe, sondern das eigenste Geheimnis dieses Baues, dessen Einzelzüge ganz im Bild des einheitlichen Lebens aufgegangen sind. Auch das Innere des Tempels wirkt daran mit, und der Raum der Ringhalle hinter den Säulen ist mit in das Äußere einbezogen, auch heute noch, wenn er bei richtiger Beleuchtung genügend unversehrt erscheint (Abb. 43, 57). Die Ruhe seiner Erscheinung ist aber nicht selbstgenügsam, sondern majestätisch und sicher, sie teilt sich jedem Nahenden mit, weil der ganze umgebende Raum von ihr erfüllt erscheint.

Der Poseidontempel ist ganz und gar dorisch. Als er gebaut wurde, war jeder jonische Einfluß in Paestum aus der großen Tempelarchitektur gewichen. Es ist überhaupt kein anderer dorischer Tempel erhalten, der in der Größe, im Wert oder im Erhaltungszustand dem Poseidontempel gliche. Denn das Theseion in Athen und der Parthenon sind nicht dorisch, sondern attisch – das ist ein Wesensunterschied. Dort sind wohl die Einzelformen und ihre Abfolge dorisch, aber das jonische Element ist in sie eingegangen und hat die Säulen schlanker, das Gebälk leichter und das Relief zarter werden lassen. Jene Bauten sind zur höchsten Schönheit erhoben, aber die große Kraft des Dorischen wurde gebändigt, ehe sie zur Wirkung kam, und auch der besondere dorische Ernst mußte dem Glanz des Marmors und dem eleganten Fluß der Formen geopfert werden. Und von den beiden gut erhaltenen Tempeln in Sizilien ist der in Segesta unvollendet geblieben, und der als Concordiatempel bezeichnete in Agrigent ist nicht nur kleiner, sondern neben dem Poseidontempel auch nüchtern und ohne Geheimnis. Gewiß gehört ein erhaltener griechischer Tempel immer zum wichtigsten, was es an Architektur gibt, ein solcher ist immer bedeutend und voller Schönheit, aber untereinander verglichen zeigen auch diese Bauten sehr verschiedene Qualität. Neben dem Poseidontempel wird der der Concordia zu einem akademisch streng nach der Regel errichteten Bau, ohne das Leben, welches nur der Meister seinem Gebilde zu verleihen vermag.

Die Lücken am Poseidontempel sind so gering, daß es vielfach leichter fällt, sie mit dem Auge zu schließen, als sich der Zerstörungen wirklich bewußt zu werden. Bei diesem Grade der Erhaltung ist es besonders wichtig, sich den ursprünglichen Zustand zu vergegenwärtigen, weil die Ruine als solche schon als Architektur erscheint und sich etwas Neues an die Stelle des eigentlich Gewollten einschiebt. Es gibt zwei Stellen auf der östlich am Tempel vorbeiführenden modernen Straße, wo sich von der Höhe des Fahrdammes aus bei stark verkürzter Schrägansicht alle falschen Öffnungen im Bau verdecken und nicht ein einziger Fleck des Himmels da sichtbar wird, wo früher die Flächen von Dach und Cellawänden den Durchblick verhinderten. Wenn dann in der Dämmerung die inneren Säulen der Cella nur noch als dunkle Masse zwischen den Außensäulen erkennbar sind, scheint es, als stünde der Tempel als unversehrter Bau da. Aber auch dieses anscheinend ungestörte Bild ist verfälscht, denn es fehlt über den Giebeln die hohe Sima, welche die Proportion des Baues wesentlich veränderte. Er erscheint uns zu niedrig und zu breit.

Dadurch, daß die Wände der Cella und oben das Dach fehlen, kann der Blick durch den Bau hindurchdringen und viel mehr vom Innern erfassen, als richtig ist. Das Licht scheint durch den Tempel hindurch und beleuchtet Säulen, die ganz im Schatten bleiben müßten (Abb. 43), oder erhellt die von außen beschienenen Säulen an ihrer Innenseite nicht mehr durch den Reflex von der Cellawand (Abb. 44). Das alles stört die große Ruhe des Tempels, die Gegensätze von Licht und Schatten werden zu hart, und es fehlt die wichtige Mitwirkung des Innenbaus an der äußeren Erscheinung. Aber es gibt vereinzelte Blickrichtungen und Beleuchtungen, wo man noch spüren kann, wie es sein müßte (Abb. 43 und 57 zeigen es an den Frontenden).

Einer der unvergeßlichsten Eindrücke des Besuchers ist die wunderbare Farbe des Tempels, aber gerade diese gehört ausschließlich seinem Zustand als Ruine an. Sie hat einen tiefen bräunlichen Goldockerton, und der ist in der Sonne, über den grünen Flächen der Umgebung, unter dem blauen Himmel so berückend schön, daß die Einsicht schwer fällt, er habe mit diesem Bau nichts zu tun und überziehe ihn nur als Patina, und zwar als störende fleckige Patina. Aber es ist so, und die Griechen haben den Tempel niemals so gesehen.

Trotz seiner Lücken und Schäden und obwohl der Blick oftmals durch ihn hindurchdringt, wirkt der Poseidontempel von vielen Blickpunkten aus als geschlossener Baukörper von solcher Dichte, daß man sich fast wundert, das Innere dieses einheitlichen plastischen Gebildes betreten zu können und einen Aufbau aus einzelnen selbständigen Elementen zu finden (Abb. 50). Doch wird diese Vorstellung keineswegs durch den Ausdruck einer abweisenden Verschlossenheit erzeugt, sondern allein durch den spürbaren Zusammenhang der einzelnen Glieder untereinander über ihre körperlichen Grenzen hinweg. Dadurch wird die Luft in den Zwischenräumen mit den körperlichen Teilen in solch enge Beziehung gebracht, daß jene gleichzeitig als Figuren mit eigenen Grenzen wie als

48

Öffnungen zwischen den steinernen Bauteilen wirken. Und an diesen selbst findet sich keine Härte und nirgends eine Isolierung eines einzelnen Teiles. An den Säulen – sechs an den Fronten und vierzehn an den Seiten – sind Schaft, Echinus und Abakus zu einer unlöslichen Einheit geworden. Die Säulen sind sehr mächtig (Höhe 8,880 m), ihre Verjüngung und Schwellung ist zwar sanft, aber doch so stark, daß sie auch von weitem nicht unbemerkt bleiben kann (Abb. 41, 56, 57). Der Durchmesser der Seitensäulen ist unten 2,048 m, oben 1,487 m. Das Kapitell ladet machtvoll aus, und die Breite des Abakus (2,606 m) übertrifft den größten Durchmesser der Säule beträchtlich. Die Kraft dieser Säulen würde riesig wirken, wenn sie nicht gemildert wäre und gleichsam in der Erscheinung zurückgehalten durch die Feinheit der Kannelierung. Es sind vierundzwanzig Kanneluren, und durch diese große Anzahl werden sie verhältnismäßig schmal. Aber sie sind so stark eingetieft, daß sie immer noch als plastische Gliederung des Schaftes, nie etwa als graphische Belebung seiner Oberfläche zur Wirkung kommen. An diesen Kanneluren ist die Vertiefung der wesentliche Bestandteil, der Blick folgt den Kanälen, und die Grate erscheinen nur als deren notwendige und präzise Begrenzungen (Abb. 52, 55). Nur ganz oben kehrt sich das Verhältnis um. Kurz unter dem Kapitell, dort, wo die Verjüngung endet, sind drei waagerechte Kerben um den Schaft gezogen, die den Einbuchtungen der Kanneluren folgen. Über diesen Kerben erscheint noch ein kurzes Stück des Schaftes, und es ist von entscheidender Bedeutung für die Erscheinung der ganzen Säule, daß jetzt die Grate sich etwas nach auswärts wenden und die Richtung des Echinusprofiles aufnehmen. Dadurch wird in den Konturen ein vollkommener Übergang vom Schaft in den Echinus erzeugt. Gleichzeitig wird das Augenmerk vom Kanal auf den Grat verschoben, also vom optischen auf das plastische Element der Kannelierung verlegt. Das ist die zweite und wichtigere Verbindung des Schaftes mit dem Kapitell, dessen Echinus ja als reine Plastik wirkt. Dieser ist nun außerdem noch unten von vier schmalen Ringen umgeben, an welche die Kanneluren anlaufen, nachdem sie die Kerben am Schaft passiert haben. Durch ihre ähnlichen Abmessungen und nachbarliche Nähe gehören die waagerechten Kerben und diese Ringe zusammen, und an ihnen wiederholt sich an den Grenzen des zur Überleitung bestimmten Stückes der Kannelierung abermals die Umwandlung der eingetieften Elemente in die plastisch erhöhten (Abb. 53). Die sanft geschwellte Form des Echinus scheint in keiner Weise mehr bestimmt durch die zu tragende Last. Ihre plastische Intensität ist nur der Ausdruck einer ruhigen Kraft, die das Aufwärtsstreben des

Säulenschaftes in sich aufgenommen hat und überleitet in die mächtige Platte des Abakus.

Architrav und Fries sind ringsum vollständig erhalten. Die Vorderfläche des Architravs ist großenteils noch jetzt vollkommen glatt, die Taenia hat auf lange Strecken noch ganz klare Kanten, und manche Regula und Tropfenreihe ist nicht einmal angewittert. Die Dimensionen sind sehr groß, der Architrav im Querschnitt ein wenig flacher als ein Quadrat (Höhe 1,488 m, Breite über den Kapitellen 1,542 m). Seine Breite übertrifft die Stärke des Säulenschaftes oben (1,487 m) nur wenig. Der Fries ist nicht ganz so hoch wie der Architrav (1,433 m), doch kommt zu seiner Höhe für die Ansicht von unten formal noch der bis an die Unterfläche der Mutulusplatten reichende senkrechte Streifen des Geisons hinzu (Höhe 16,6 cm), der den Fries als flache Platte abdeckt (Abb. 43,52,53).

Die Triglyphen sind wesentlich schmaler als der Architravbalken (Breite der Ecktriglyphen 93,8 cm), unausweichlich mußte daher der Konflikt der Eckbildung auftreten. Die Lösung dieses Konfliktes, wie sie hier vollzogen wurde, ist nicht für den Poseidontempel erfunden, sie war schon einige Jahrzehnte bekannt, als sie hier angewendet wurde. Bei dieser ist der Fries gleichmäßig eingeteilt, und eine Vergrößerung der Eckmetopen ist vermieden. Das war nur zu erreichen, wenn dafür die Gleichmäßigkeit der Säulenabstände geopfert und die Ecksäulen um den gleichen Betrag hereingerückt wurden, um den die Eckmetopen sonst durch den Unterschied der Breiten von Architrav und Ecktriglyphen breiter geworden wären. Die Eckjoche der Säulenstellung sind also schmaler als die Normaljoche (Fig. 5). Diese Lösung des Eckkonfliktes ist es, welche für alle reifen dorischen Bauten gültig ist, aber die unvermeidlichen Unregelmäßigkeiten sind unter allen erhaltenen Tempeln nur hier am Poseidontempel vollkommen ausgeglichen. Bei den anderen Tempeln sieht man die Verengung der Joche sogleich und unwillkürlich, und besonders bei den schlanken attischen Säulen fällt sie schon von weitem auf. Mag man die Kontraktion als eine Verdichtung der Ecken eines solchen Baues vielleicht schätzen, so ist doch nicht zu leugnen, daß der herrliche Rhythmus gerade der Parthenonfronten an den Ecken aufgehalten erscheint und plötzlich absinkt. Beim Poseidontempel aber sieht man die Verkürzung der Eckjoche nicht, man muß schon mit dem Auge abmeßbare Intervalle, wie die freien Unterflächen des Architravs zwischen den Kapitellen, miteinander vergleichen, um sie festzustellen. Man muß analysierend hinsehen und von den Formen abstrahieren, um die Methode zu erkennen, und dazu wird man nicht durch die einfache Anschauung geführt (Abb. 42, 43, 44,45). Daß dies erreicht werden konnte, liegt zu einem Teil im Wesen der dorischen Säulen selbst begründet. An den attischen Bauten in Athen sind die Säulen in erster Linie geometrisch bedingte Gebilde, und ihre Konturen sind von allergrößter Bedeutung. Daher wird auch die außerhalb der Konturen liegende Umgebung so stark zur Mitwirkung an der Erscheinung der Säulen gebracht, daß die Veränderung der Zwischenraumsfigur

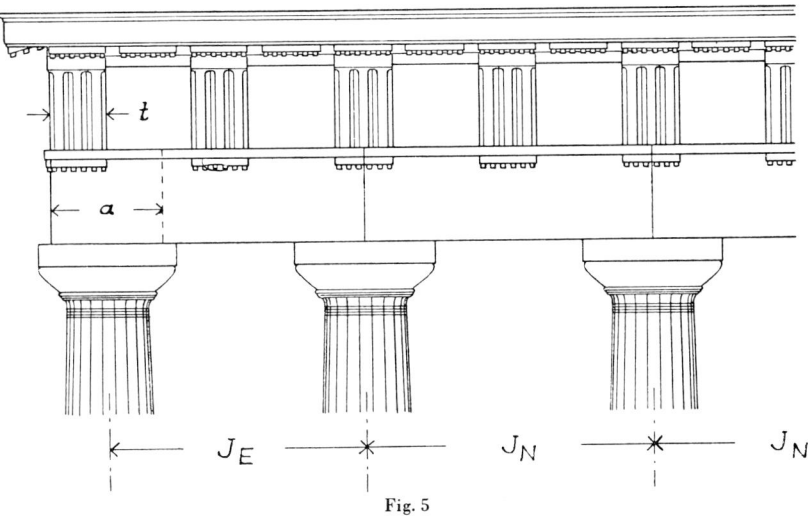

Fig. 5

Klassische Ecklösung: gleiche Maße im Fries, Kontraktion des letzten Säulenjoches

sich auf jede Entfernung bemerkbar macht, auf welche die Säulen selbst noch deutlich wahrnehmbar sind. Bei den Säulen des Poseidontempels halten sich die bildhafte und die plastische Erscheinung vollständig die Waage. Daher ist die lichte Innenfigur des Säulenjoches wohl belebt und in die Erscheinung der Säulenreihe einbezogen, aber sie bleibt doch immer nur eine Negativform gegenüber der plastischen Wucht dieser Säulen. In abgeschwächtem Maße gilt dies auch für den Concordiatempel in Agrigent. Aber hier am Poseidontempel ist nicht nur mit dieser, der echten dorischen Säule eigenen plastischen Mächtigkeit gerechnet, es ist vom Baumeister zum Ausgleich des Konfliktes noch mehr getan. Das Maß der Eckkontraktion, gleich der halben Differenz der Breiten von Architravbalken und Ecktriglyphe, würde beim Poseidontempel 30,2 cm betragen. Dieser große Wert ist nun auf 17 cm vermindert, und die Eckmetope

51

müßte um den an der Kontraktion fehlenden Betrag verbreitert sein. Die Differenz ist aber nicht der Eckmetope allein zugeschlagen, sondern auf alle Metopen gleichmäßig verteilt. Allerdings werden dadurch die Triglyphen etwas gegen die Säulenachsen nach außen verschoben, bei den äußeren Säulen stärker als bei den mittleren, aber das bleibt in dieser großen Höhe und über den perspektivisch verkürzten Deckplatten der ausladenden Kapitelle unmerklich. Nur dem abmessenden Blick ist sie über den Säulen neben den Eckjochen wohl erkennbar (Abb. 42, 45).

Dies ist das Verfahren an den Fronten, an den Seiten ist mit anderen Mitteln gearbeitet worden. Hier ist nach einer Methode, welche verschiedentlich in Großgriechenland, aber nie im Mutterlande angewendet wurde, die Kontraktion der Ecke auf die beiden ersten Säulenjoche verteilt. In Segesta ist auf diese Weise die Kontraktion an allen vier Tempelseiten wirklich nahezu unsichtbar gemacht. Dort hat von den fünf Jochen der Tempelfront überhaupt nur das mittelste sein normales Maß behalten. So glücklich sich dieses Verfahren in Segesta für die Erscheinung der Säulenreihen auswirkt, so groß ist der Nachteil für die Beziehung der Friesgliederung zur Säulenstellung. Denn bei einer Verschiebung auch der zweiten Säule muß sich diese bei einem gleichmäßig eingeteilten Fries stärker gegen ihre Triglyphe verschieben. Das ist in Segesta in auffallendem Maße der Fall. Beim Poseidontempel sind nur an den Langseiten die *beiden* letzten Joche verkürzt, aber auch hier sind durch höchst geschickte Wahl der einzelnen Maße und kleine Verschiebungen die unvermeidlich entstehenden Unregelmäßigkeiten so ausgewogen, daß sie wieder nur dem bewußten Augenmaß und nur bei reiner Seitenansicht erkennbar sind. Das Eckjoch ist 4,26 m, das vorletzte Joch 4,348 m breit, und erst das dritte hat das Normalmaß von 4,50 m. Das vorletzte Joch unterscheidet sich also vom Normaljoch stärker als vom Eckjoch. Dadurch wird erreicht, daß die Verschiedenheit der beiden ersten Joche gar nicht so zur Wirkung kommt, und der Unterschied des zweiten vom dritten Joch liegt schon an einer Stelle der Tempelseite, wo die Aufmerksamkeit nicht mehr besonders haftet (Abb. 52). Als der Tempel noch nicht Ruine war, ist die Differenzierung der Joche sicher überhaupt nicht aufgefallen. Denn bei der zu ihrer Feststellung nötigen reinen Seitenansicht werden die Cellafronten gerade im zweiten Säulenjoch sichtbar, während hinter allen untereinander gleichen Jochen der Seite die Cellawand einförmig durchlief. Dadurch erhielt das zweite Joch einen so veränderten Hintergrund, daß darüber die Maßveränderung bestimmt kaum mehr bemerkt wurde. Dazu werden die Triglyphen beim Poseidontempel nicht wie in Segesta starr an ihrem Platz gehalten. Wenn bei der durch die Kontraktion des zweiten Joches bedingten Verschiebung der zweiten Säule die zugehörige Triglyphe einfach mitgenommen worden wäre, so hätten die Metopen über dem Eckjoch breiter und die über dem zweiten Joch entsprechend schmaler werden müssen als die über den Normaljochen. Diese Ungleichheiten bestehen wirklich, sie sind aber durch Verschiebungen der Triglyphen gegen die Säulenachsen sehr gemildert und nahezu unsichtbar gemacht (Abb. 52). An der Giebelfront, welche durch ihre Symmetrie und Begrenzung mit *einem* Blick übersehen wird, mußte der Fries einheitlich eingeteilt werden, wodurch die relative Verschiebung der Triglyphen nach außen hin zunahm. An der Tempelseite wird bei genauer Betrachtung der Einzelheiten nur ein *Ende* der Säulenreihe und des Gebälkes auf einmal gesehen und die Aufmerksamkeit unwillkürlich auf das Ende der Säulenordnung gerichtet. Es ist daher ganz folgerichtig, daß die Verschiebung der Triglyphen gegen die Säulenachsen über der zweiten Säule, wo sie nach außen gerichtet ist, nur gering, über der dritten nach innen zu aber wesentlich größer ist und daher noch Verschiebungen über den nächsten Säulen nötig machte. Die unterschiedliche Lösung des Eckkonflikts für Fronten und Seiten ist also auf subtilste Weise ihrer verschiedenen Erscheinung angepaßt.

Das Geison ist mächtig und ragt weit vor. Es läuft an allen vier Tempelseiten gleichmäßig um, seine Oberfläche ist waagerecht und trägt an den Fronten die Giebel, an den Langseiten eine Reihe keilförmiger Steine, deren Oberseite in der Richtung des Daches geneigt ist. (Schichthöhe des Geisons 81,0 cm, Ausladung 98,2 cm.) Die Mutulusplatten entsprechen in ihrer Anordnung genau den Triglyphen. Sie trugen regelmäßig die dem dorischen Kanon eigenen 18 Tropfen. Diese waren nicht massiv angearbeitet, sondern ausnahmslos in flache Vertiefungen eingesetzt und sind alle verloren. Statt ihrer sind die Lochreihen in den Mutulen deutlich zu erkennen (Abb. 53). An der Stirn ist das Geison sehr hoch und trug am oberen Rande als besonders eingesetzten Streifen ein dorisches Kymation, das ist ein ungefähr traufnasenförmiges Profil. Dieses Glied fehlt fast überall, ist aber an den wenigen Stellen erhalten, wo es am Geisonblock angearbeitet war. An diesen Stellen sieht man, daß das Geison viel stärker war, als es heute erscheint (besonders am Horizontalgeison der Ostfront, Abb. 42, und an einigen Stellen der Nordseite, Abb. 43). Durch diese Verminderung der Stirnhöhe des Horizontalgeisons wirkt sich das Fehlen der hohen Sima auf dem Schräggeison nicht mehr ganz so empfindlich aus. Das verleitet aber, besonders an der gut erhaltenen Ostfront dazu, den Giebel in seinem jetzigen Zustand als vollständig anzusehen. Dagegen wird die westliche Giebelfront gerade ihrer Zerstörungen wegen in der Vorstellung richtiger ergänzt (Abb. 42, 45).

Im Innern des Tempels liegt das Pflaster aus großen Kalksteinplatten noch überall am Platz und trägt wesentlich zur architektonischen Erscheinung der einzelnen Räume bei, obwohl es vielfach gebrochen und abgesunken ist (Abb. 46 bis 49). Da die Fronten der Cella noch stehen und die Anten wenigstens die Endigung der Längswände anzeigen, ist der Raum der Ringhalle an allen Seiten noch vollständig vorstellbar (Abb. 48, 49). Die Vorstellung wird auch dadurch erleichtert, daß die Lage der Decke durch das tragende Gesims deutlich angegeben ist (Abb. 50). Dieses besteht aus einem dorischen Kymation, welches in die Rückseite des Außenfrieses oben eingelassen ist. Ein gleiches Profil bildete in derselben Höhe an allen vier Seiten der Cella das innere Auflager der Ringhallendecke. Es ist über dem Gebälk der westlichen Cellafront erhalten (Abb. 48).

Die Cella hat an jeder Schmalseite eine voll ausgebildete Antenfront mit zwei Säulen und einem dorischen Gebälk. Beide Fronten sind einander gleich, obwohl die hinter ihnen liegenden Räume verschiedene Funktionen haben. Der westliche ist eine selbständige, gegen das Innere der Cella abgeschlossene Hinterhalle (der Opisthodom), während der östliche als Eingangshalle (Pronaos) auf die große Cellatür zuführt. Kleine Abweichungen allerdings bestehen in den Fronten: So sind die Säulen der Vorhalle etwas näher an die Anten gerückt und dadurch das Eingangsjoch ein wenig offener als das an der rückseitigen Front. Die Anten sind, als Stirnpfeiler der Wände, streng als Wandteile aufgefaßt und logischerweise von den Säulen völlig verschieden (Abb. 48). Sie verjüngen sich nur ganz wenig und haben keine Schwellung. Die Säulen der Antenfronten sind den Außensäulen vollständig gleich, obwohl sie eine Stufe höher stehen als diese. Dadurch mußte das Cellagebälk wesentlich niedriger werden als Architrav und Fries an den Außenseiten, weil bei gleicher Säulenhöhe der Betrag dieser Stufe und des Gesimses für die Hallendecke von der Gebälkhöhe abgezogen werden mußte. Es ist bezeichnend für die hier noch wirkende Stärke der plastischen Auffassung der Säulen, daß man das Mißverhältnis zwischen Säule und Gebälk in Kauf nahm, um die nah benachbarten inneren und äußeren Säulen nicht zu differenzieren und durch die Abwandlung der plastischen Form deren Wesenhaftigkeit zu mindern. Die Ausbildung des Cellagebälkes im einzelnen ist wiederum bezeichnend für die Stärke der tektonischen Vorstellung vom

dorischen Fries. Die stärkste Verminderung seiner Höhe im Vergleich zum
Außengebälk hat der Fries erfahren, aber die verkleinerten Triglyphen sind
nicht dementsprechend, wie es später allgemein gemacht wurde, in dichterer
Reihung am Gebälk verteilt, sondern in der strengen Anordnung von je einer
über den Stützen und der Mitte der Zwischenweiten geblieben, obwohl die
Metopen auf diese Weise zu langgestreckten niedrigen Rechtecken werden
(Abb. 53). Diese Frontgebälke gingen an den Cellaseiten nicht als Wandgebälke
weiter, sondern endeten mit den Ecktriglyphen, welche aber an den Seiten
noch vollständig ausgearbeitet sind.

An der Innenseite des Gebälkes der Cellafront lag über der Schicht, welche
außen als Gesims der Ringhallendecke diente, ebenfalls ein dorisches Kymation.
Im Westen sind davon noch drei Blöcke erhalten (Abb. 46). Auf diesem Profil
lag die Decke der Hinterhalle und entsprechend vorn die der Vorhalle. Mit
dieser Schicht erreicht das Gebälk an der Innenseite die gleiche Höhe wie Architrav und Fries der Außenarchitektur, und die Raumhöhe der Vorder- und
Hinterhalle der Cella wird dadurch genau gleich der Raumhöhe der Ringhalle.

Der Fußboden der Cella ist beträchtlich über das Pflaster der Ringhalle
erhoben, der Höhenunterschied der beiden Bodenflächen ist ziemlich genau
gleich der Höhe des Stufenbaues außen. Da die Wände fehlen, erscheint der
Sockel der Cella jetzt als massiver Klotz innerhalb der Ringhalle (Abb. 49).
Im Pronaos lagen vor der großen Tür die Treppenstufen, welche zum Hauptraum, zum Naos der Cella, hinaufführten. Der Naos ist durch zwei Säulenreihen
in drei Schiffe geteilt. Seine lichte Höhe war ein wenig niedriger als die der
Ringhalle, und zwar gleich der Ansichtshöhe der Cellafront über der Standfläche
der Anten und Säulen. Um bei dieser großen Höhe bis an die Celladecke zu
reichen, hätten die Innensäulen ungefähr die Abmessungen der Außensäulen
und ein entsprechendes Gebälk haben müssen. Solche Säulen aber wären für
den Innenraum viel zu mächtig gewesen, sie bei gleicher Höhe schlanker zu
machen war aber unmöglich, weil die Proportionen von dorischen Säulen nicht
über bestimmte Grenzen hinaus verändert werden können. Jonische Säulen sind
ihrem Wesen nach schlank und hoch; sie sind in Griechenland verschiedentlich im Innern dorischer Bauten verwendet worden und auch hier in Paestum
standen im Innern des Cerestempels jonische Säulen. Aber was beim Cerestempel auf wirklichem jonischen Einfluß beruhte und was in Athen in einem
andern geschichtlichen Zustand durch bewußte Zusammenfassung alles griechischen Formgutes geschah, das war beim Poseidontempel als vollständig und

ausschließlich dorischem Bau nicht möglich. Man half sich daher so, daß man die Säulen kleiner machte und in zwei Geschossen übereinanderstellte (Abb. 46).

Diese kleineren Säulen sind nicht einfach verkleinerte Abbilder der großen; sie sind ihnen zwar durchaus verwandt, aber sie sind freie Umsetzungen in die hier angebrachten Verhältnisse. Die Zahl der Kanneluren ist nicht 24 wie außen, sondern bei den unteren 20, bei den noch kleineren oberen nur 16, offenbar, um das absolute Maß der Kanneluren bei den drei Säulengattungen des Tempels nicht allzu stark differieren zu lassen. Tatsächlich erhalten die Säulen dadurch eine größere Verwandtschaft, als wenn die Zahlenverhältnisse die gleichen wären. Die Verkleinerung der Gesamtmaße bedingt eine relative Vergrößerung der Einzelheiten, wenn deren plastisches Wesen ähnlich bleiben soll. Darum sind auch die Kapitelle im Verhältnis zu den Säulenschäften größer. Die unteren Säulen sind den Außensäulen noch sehr ähnlich, die oberen weichen als die kleinsten schon beträchtlich von ihnen ab. Von unten erscheinen sie stark in der Verkürzung und waren nie anders zu sehen, solange die Cellawände noch den Einblick von außen her verhinderten. In Augenhöhe betrachtet (Abb. 51), überraschen sie durch eine Anmut, die man bei einem so strengen Gebilde, wie einer reinen dorischen Säule, nie erwartet hätte. Dabei hat die Ernsthaftigkeit, mit der sie über den großen Kapitellen ihren Balken tragen, fast einen humorvollen Zug. (Die Maße sind: für die untere Ordnung: Säulenhöhe 6,063 m, unterer Durchmesser 1,402 m, oberer Durchmesser 1,002 m, Architrav 1,073 m breit und 0,864 m hoch; für die obere Ordnung: Säulenhöhe 3,410 m, unterer Durchmesser 0,852 m, oberer Durchmesser 0,636 m, Architrav 0,624 m breit und mit Deckprofil 0,983 m hoch.) Über diesem obersten Gebälk ging die Celladecke waagerecht in gleicher Höhe über die drei Schiffe hinweg. Ob in den Seitenschiffen über den unteren Säulen Emporen gelegen haben, ist hier nicht mehr zu entscheiden. Nötig ist es nicht und kaum wahrscheinlich. Am Ostende des Naos liegt zwar an jeder Seite ein Treppenhaus, in welchem eine im Viereck gelegte „Wendeltreppe" nach oben führte, aber dies sagt nichts über mögliche Emporen aus. Denn in anderen Tempeln mit Cellen, die nicht mehrere Schiffe, mithin sicher keine Emporen hatten, gibt es ebensolche Treppen, die nur das Dach für Reparaturen zugänglich machten. Im Poseidontempel sind von der nördlichen Treppe noch die beiden ersten Stufen am Platz. Von der südlichen Treppe ist nichts mehr zu sehen, und die Eingangstür in das Treppenhaus ist modern (Abb. 47) und zusammen mit der Ante der unteren Säulenreihe wieder aufgebaut. Die Gebälke der Innensäulen banden an jedem Ende in die Querwände der Cella ein und lagen außerdem auf flachen Wandpfeilern auf. Von den vier unteren sind drei wieder errichtet, der genannte im Osten und die beiden westlichen (Abb. 46). Auch diese Pfeiler sind von den Säulen streng unterschieden, sie sind folgerichtig als Teile der Wand aufgefaßt und entsprechen genau den Anten an den Cellafronten.

Es ist nicht zu erkennen, wo das Kultbild in der Cella gestanden hat, obwohl das ganze Pflaster erhalten ist. Möglich, daß eine Besonderheit der Pflasterung des Mittelschiffes mit der Aufstellung des Bildes zusammenhängt. Das Pflaster ist in Querreihen von je drei Platten verlegt, und nur *eine* Reihe zwischen dem Säulenpaar hinter der halben Naoslänge besteht aus zwei Platten, und es wäre denkbar, daß hier das Bild gestanden hätte (Abb. 46). Spuren hat es keine hinterlassen, und darum ist es wahrscheinlich, daß das Bild aus Holz war, sehr alt, ehrwürdig und heilig.

War es Poseidon, dem der Tempel gehörte? Da jede Überlieferung fehlte, lag es nahe, den größten Tempel der Stadt dem Gott zuzuschreiben, dem sie sich durch ihren Namen Poseidonia besonders zueignete. Das große und machtvolle Gebäude konnte dem erderschütternden Gott wohl anstehen, und diese Zuordnung schien früher völlig fraglos, da man diesen Tempel für den ältesten in Paestum hielt. Er ist aber der jüngste, und man könnte mit Recht fragen, ob nicht der älteste Tempel, die Basilika also, dem Poseidon geweiht war. Sollte man durch Grabungen im Innern des Poseidontempels Reste eines älteren vorhergegangenen Baues finden, dann allerdings wäre seine Zuordnung um vieles wahrscheinlicher. Man muß aber hoffen, daß solche Untersuchungen nicht vorgenommen werden. Die Bedeutung dieses Baues als heute noch lebendige Erscheinung eines griechischen Tempels von höchster Vollendung überwiegt die Wichtigkeit jeder anderen Frage um so viel, daß die Erhaltung seines Zustandes der einzige Gesichtspunkt sein muß, nach dem verfahren werden darf: eine Öffnung des Pflasters würde die jetzige natürliche Kontinuität der vielfach gebrochenen Platten, welche der Blick so noch zusammenzufassen vermag, für immer zerstören.

Im Osten liegt der Altar vor der Tempelfront (Abb. 42). Er ist viel kleiner und näher an den Tempel herangerückt als die großen Altäre der beiden älteren Tempel. Er ist aber nicht der ursprüngliche, sondern wurde hier neu errichtet, als bei der Anlage des Straßennetzes der heilige Bezirk verkleinert und eine Nebenstraße vom Marktplatz gerade auf den alten Altar zugeführt wurde. Von diesem ist die nördliche Hälfte des Fundamentes als Plattenschicht wie ein

Pflaster zu sehen (Abb. 47). Er war weiter vom Tempel entfernt und hatte genau die Breite der obersten Tempelstufe der Front.

Poseidontempel und Basilika stehen nahe beieinander und wahrscheinlich in einem ursprünglich einheitlichen heiligen Bezirk. Beides sind große Tempel, die Basilika ist zwar etwas kürzer, aber sie gehört doch der gleichen Größenordnung an. Doch wie verschieden sind die beiden Bauten, wie klein erscheint die Basilika in dieser Nachbarschaft (Abb. 4, 41, 57, 58). Selbst die Ruinen zeigen den ungeheuren Fortschritt in den Fähigkeiten der griechischen Baumeister, die unversehrten Bauten müssen ihn überwältigend zum Bewußtsein gebracht haben. In jedem Fall hat man das beste geleistet, was man konnte, aber wie naiv wirkt die Basilika neben dem Poseidontempel, wie haftete man da an jeder Einzelheit, um sie mit einer Genauigkeit hervorzubringen, die rückschauend fast ängstlich erscheinen muß. Auch am Poseidontempel ist alles genau, hier ist nichts aufs Geratewohl gemacht oder zufällig geraten, und die Präzision der Ausführung ist noch größer und nicht mehr zu übertreffen. Aber diese Genauigkeit ist nur Mittel zu einem höheren Zweck, sie erscheint daher nicht als Ergebnis eines rührenden Eifers, sondern einer überlegenen Gelassenheit. Hier dient jede Einzelheit nur dem Ganzen. Freilich hat sie dadurch nicht mehr die expressive Gewalt, die alle Glieder der Basilika haben (Abb. 56), und ein Fragment, ja ein aufrechtes Säulenjoch würde uns nichts mehr von der Meisterschaft der Komposition des ganzen großen Tempels sagen.

In dieser Komposition ist eine Gefahr beseitigt, die bei einer Architektur, deren Glieder eine so starke Körperlichkeit haben wie die der dorischen Tempel, und deren Teile steinweise aufeinandergeschichtet sind, immer vorhanden ist, nämlich der Eindruck, daß man sie wieder auseinandernehmen könnte. Diese Gefahr muß um so größer werden, je mehr die wirkenden Kräfte in der Erscheinung zurückgehalten sind. Am Poseidontempel sind sie so weitgehend in sich ausgeglichen und gegeneinander ausgewogen, wie es überhaupt möglich ist. Dennoch erscheint der ganze Bau so durch eine innere Verbindung zusammengehalten, so sehr von einer durchgehenden inneren Spannung belebt, daß die Vorstellung von der Herauslösung einzelner Teile vollkommen unmöglich wird.

Das liegt nicht allein an dem spürbaren Zusammenhang der einzelnen Glieder über ihre körperlichen Grenzen hinweg. Zur Zeit der Erbauung des Poseidontempels war schon ein besonderes Mittel zur strafferen Zusammenfassung eines aus Säulen gebildeten Baukörpers bekannt. Dies bestand in einer leichten Einwärtsneigung aller Säulen der Ringhalle. Eine solche Neigung wird in der

Vorstellung mit der Säulenachse vollzogen, und der Säulenkörper folgt dieser Bewegung. Dabei werden die Säulen als starre axialsymmetrische Körper angesehen. Am Poseidontempel sind die Säulen aber offensichtlich so plastisch aufgefaßt, daß das Verfahren der Säulenneigung hier nicht zu erwarten ist und tatsächlich auch nicht angewendet wurde. Es ist durch ein anderes ersetzt: die Säulen stehen alle senkrecht, aber die Ecksäulen sind plastisch verändert und im Grundriß nicht kreisrund. Dadurch entsteht, und zwar ausschließlich für die Frontansichten, hier der Anschein einer Säulenneigung (Abb. 42, 45).

Die Säulen an den Fronten und den Seiten des Poseidontempels sind im Durchmesser etwas verschieden, die Frontsäulen sind um 5,1 cm stärker. Die Ecksäulen entsprechen im Umriß der jeweils anschließenden Reihe, sind also von vorn gesehen Seitensäulen mit dem kleineren Durchmesser, von der Seite gesehen sind sie dagegen Frontsäulen. Aber der Grundriß der Ecksäulen ist nicht einfach eine Ellipse mit den beiden Durchmessern als Achsen. Vielmehr ist die Ecksäule als Frontsäule über dem größeren Durchmesser entwickelt und so weit nach außen verschoben, daß ihre nach der Frontmitte gerichtete Seite in die innere Flucht der Säulenreihe der Langseite fällt. Dadurch stand sie außen vor der Flucht der Seitensäulen vor, und dieser Betrag ist dann an der Säule abgearbeitet worden. Im Grundriß ergibt das eine freie, nicht näher bestimmte Kurve, wie sie aus der handwerklichen Arbeit entstand (Fig. 6). Diese seitliche Abflachung der Ecksäulen ist nicht eine primitive Annäherung an die Grundrißellipse, sondern wohlbedachte Absicht. Durch die einseitige Abflachung außen bleibt nämlich die Kannelureneinteilung an den zur Frontmitte gekehrten zwei Dritteln des Säulenumfanges unverändert und setzt nur durch die Verschiebung der Säule nach außen auch entsprechend etwas weiter außen an. Am Kapitell ist es umgekehrt. Die Deckplatten der Eckkapitelle sind quadratisch, der Echinus und das oberste Schaftende müssen also kreisrund sein, und die Abflachung des Schaftes muß nach oben zu allmählich verschwinden. Den größeren Säulendurchmessern entsprechend sind die Kapitelle der Frontsäulen ebenfalls etwas größer als die der Seiten, und die Eckkapitelle haben das

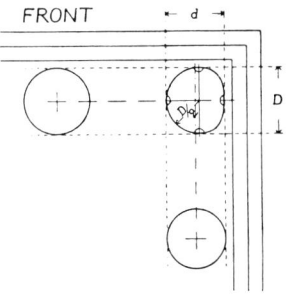

Fig. 6
Die Umformung der Ecksäule
(stark übertrieben)

59

Maß der Frontkapitelle. Da aber der äußere Rand ihrer Deckplatte unbedingt in die Fluchtlinie der Außenkanten der Seitenkapitelle fallen muß, ist das ganze Kapitell etwas nach einwärts verschoben. Diese Verschiebung – unten nach außen und oben nach innen – mußten die Kanneluren mitmachen, und daher entstand durch die plastische Umformung des Säulenkörpers eine scheinbare Säulenneigung. (Das Vortreten des Eckkapitells gegen die Flucht der Seitenkapitelle nach innen zu ist in der Ringhalle deutlich zu sehen – Abb. 49.)

Das Verfahren hat gegenüber der reinen Säulenneigung den großen Vorteil, daß bei einer diagonalen Ansicht der Umriß des Tempels an den äußeren Ecken verschieden wird. Denn je stärker die Tempel*seite* in der Verkürzung erscheint, desto steiler wird der Umriß der entfernten Ecksäule durch die Abflachung im unteren Teil, und desto knapper und zusammengefaßter wird diese Ecke des Tempels sichtbar. Dagegen wird an der *Front* der Umriß der äußeren Ecksäule stärker geneigt und zum großartigen Anlauf, welcher sich in der Schräge des Giebels fortsetzt (Abb. 43, 44, 57). Noch ein anderes Mittel erhöht den Eindruck einer Zusammenfassung der Seiten des Tempels in ihrem entfernten Ende: Das Gebälk der Langseiten läuft nicht geradlinig bis an die Ecke durch, sondern ist über dem ersten und letzten Säulenjoch im Grundriß ein wenig schräg nach innen geführt, nach den Enden zu also eingezogen. Das Geison macht diese schräge Richtung mit, und hier ist sie deutlich zu sehen (Abb. 55; eine am Bau bemerkbare seitliche Ausbauchung des Gebälkes auf der ganzen Länge der Tempelseiten beruht dagegen auf einer nachträglichen Verlagerung der Ruine).

Die Fronten und Seiten des Poseidontempels sind mit Maß, aber doch spürbar voneinander verschieden. Alle Säulen der Seite stellen die reine Senkrechte dar, und Stufen, Gebälk, Geison und einst auch der Dachfirst sind vollkommen waagerecht (Abb. 56). Anders die Fronten: hier steht auf Säulen und Gebälk das Giebeldreieck mit seinen großen Schrägen, und die scheinbare Neigung der Ecksäulen fügt sich in diese Zusammenfassung ein und bereitet sie von unten an vor. Wären bei einem solchen Umriß die waagerechten Glieder genau horizontal, so würden ihre Kanten den inneren Zusammenschluß der Fronten hart durchschneiden. Auch hier ist wieder mit einem kaum faßlich feinen Mittel gearbeitet, indem man nämlich alle diese Waagerechten etwas nach oben aufwölbte, ihnen „Kurvatur" gab. Die Beträge dieser Aufbiegung sind minimal, 2,0 cm bei einer Breite des Architravs von 23,56 m, aber sie sind von größter Bedeutung und entgehen dem geübten Blick auch bei frontaler Ansicht nicht (Abb. 42, 45). Die gleiche Kurvatur haben auch die Cellafronten. Das Maß der

Kurvatur ist an allen Stellen gleich, nur die Unterseite der Taenia des äußeren Architravs ist etwas weniger gekrümmt, so daß diese Leiste in der Mitte ein wenig höher ist als außen. Am Bau ist die Kurve unten jetzt wegen der Zerstörungen am äußeren Stufenbau am leichtesten an der rückwärtigen Cellaschwelle zu erkennen (Abb. 48). Säulenneigung – wirkliche oder scheinbare – kann ohne Kurvatur bestehen, eine Kurvatur aber verlangt die Neigung. Darum sind in den kurvierten Cellafronten die Anten auch einwärts geneigt und mit ihnen die ganzen Längswände der Cella. Und da die Anten hier keine plastische Selbständigkeit mehr haben, sondern ganz aus der Wand entwickelt linear begrenzt sind, haben sie im Gegensatz zu den Säulen eine wirkliche Neigung erhalten.

Aber auch die beiden Giebelfronten unterscheiden sich voneinander (Abb. 42, 45). Die östliche, durch welche man eintritt, um innen zur Tür der Cella zu gehen, erscheint ein wenig offener als die Front an der Rückseite und zugleich in der Zusammenfassung im Giebel noch etwas straffer, im Westen sind dagegen die Horizontalen im oberen Teil der Front, die im ganzen viel geschlossener wirkt, stärker betont. Diese Erscheinung kommt nicht durch die unterschiedlichen Zerstörungen an den Giebeln zustande, sondern durch ganz geringe, aber bewußte Abweichungen in der Ausführung. Die Breiten der Kapitellplatten sind (im Mittel der geringen Maßschwankungen) über den Seitensäulen im Süden 2,602 m und im Norden 2,606 m. Auch an den Säulen der Ostfront sind sie untereinander gleich, nur dem größeren Durchmesser entsprechend auf 2,663 m im Mittel vergrößert. Anders im Westen. Dort sind die Kapitelle nach der Mitte zu schrittweise verbreitert, und das muß Absicht sein, da die Maße symmetrisch anwachsen: von der Ecke her zur Mitte 2,658 – 2,664 – 2,682 m. An den Fronten der Cella war die Absicht des Schließens im Westen im Gegensatz zur Erweiterung des Mitteljoches im Osten schon zu erkennen. Die Säulen in beiden Cellafronten haben den Durchmesser der Seitensäulen und im Osten auch die Kapitelle der Seitensäulen, also die kleinstmöglichen. Im Westen entsprechen die Abakusplatten mit 2,682 m Breite denen der mittleren Außensäulen, hinter denen sie stehen, mithin den größtmöglichen. Diese Verbreiterung der Säulenkapitelle an der inneren und äußeren Westfront bringt den Eindruck einer größeren Geschlossenheit hervor. Die dadurch eintretende Betonung der Horizontalen oben wird noch verstärkt, indem hier die Kurvatur an der Unterseite des Geisons aufhört und seine Oberkante als reine Waagerechte die Ordnung abschließt und das Tympanon unten begrenzt, während im Osten auch die

Oberseite des Geisons kurviert ist und sich alle Waagerechten in die sanfte Spannung der Front einfügen. Es mag unglaublich klingen, daß so kleine Variationen an Baugliedern von solcher Größe sichtbar werden können. Und doch ist es so, sie sind merkbar, und die nachträgliche Messung macht sie nur bewußt und in ihrer Größe bekannt. Und hier wird auch begreiflich, daß der porige Kalkstein die Oberfläche solcher Glieder nicht ausreichend genau verwirklichen konnte, sondern daß geglätteter Stuck sie vollständig abgleichen mußte. Wie deutlich muß einst jede Einzelheit gewesen sein, wenn sie an der Ruine noch so erkennbar ist! Am Horizontalgeison z. B. springt die Stirnfläche kurz über der Unterkante zur Gliederung ein wenig zurück (Abb. 52), und dieser Rücksprung ist auch auf den Gesamtansichten des Tempels überall deutlich zu sehen (Abb. 43, 44), wo die Geisonstirn nicht abgewittert ist, und seine Tiefe beträgt doch nur 1,9 cm. Das gleiche gilt für kleine Unterschneidungen an den Stirnen der Triglyphen (Abb. 53), für die Absätze zwischen Taenia und Regula, für die feinen Ringe an den Kapitellen, kurz für jede Einzelheit.

Wo alles so sichtbar wurde, mußte die Genauigkeit der Ausführung vollkommen sein, und sie ist auch nicht zu übertreffen. So weichen die Höhenmaße der beiden westlichen Ecksäulen um 0,5 cm voneinander und von der südöstlichen Ecksäule um maximal 1,0 cm ab. Das bedeutet bei einer Säulenhöhe von 8,88 m einen Fehler von einem Tausendstel. Daß eine solche Genauigkeit eingehalten werden konnte, setzt eine vollendete Technik voraus, aber es liegt auch im Wesen dieser Technik selbst. Plastische Auffassung und Hilfsmittel der Konstruktion wirkten zusammen und in der gleichen Richtung zur Verwirklichung der vorgestellten Form. Jede fertige Steinschicht ist bei dieser trocken gefügten Architektur zugleich die Zeichenfläche, auf welcher die nächste Schicht vorgerissen wird. Fein gezogene Ritzlinien sind noch an manchen Stellen zu sehen, wo sie die Mittelpunkte der Säulenstandflächen angeben und noch etwas vor den Säulenumfang vortreten. Einige dieser Linien sind doppelt. Hier handelt es sich offenbar um Abweichungen der wirklichen Stellungen gegen die anfänglich errechneten. Wahrscheinlich hängt das mit den Triglyphenverschiebungen im Fries zusammen. Denn da der Fries, von diesen Verschiebungen abgesehen, den Grundriß in einfacher Form enthält, während in der Säulenstellung die Regelmäßigkeit mit der Eckkontraktion aufgegeben werden mußte, ist beim Poseidontempel der Entwurf folgerichtig vom Gebälk ausgegangen. Dieses hat nämlich, in der vorspringenden Taenia des Architravs gemessen, also an der

Stelle von dessen größter Ausladung, im Grundriß das klare Seitenverhältnis von 1:2¹/₂ in den glatten Fußmaßen 72 : 180. Da die Säulenhöhe ebenso genau 27 Fuß beträgt, sieht man, daß die Proportionierung im Großen auf Vielfache der Zahl 9 gestellt ist, und zugleich auch, daß das Verhältnis der Hauptabmessungen nicht mehr so einfach ist wie am Cerestempel.

Technisch wäre es schon bewundernswert, wenn Blöcke von solcher Größe wie die Kapitelle auf ebener Erde in genauen Reihen aufgestellt wären. Daß dies in der Höhe auf den Säulen mit so vollkommenen Fluchten überhaupt möglich war, ist von den Verhältnissen keiner anderen Baukunst aus zu begreifen (Abb. 55). Die technischen Hilfsmittel waren einfache, aber hier hat das griechische Auge als präzisestes Instrument mitgewirkt. Auch der Poseidontempel hat die körperliche Nähe griechischer Werke, aber sie ist fast gegen die Ausmaße nur durch die Unmittelbarkeit erreicht, mit welcher alles sichtbar gemacht ist. Nicht die Größe der Abmessungen als solche ist zu bewundern, wohl aber, daß trotz der Ausmaße der Glieder, neben welchen Menschen ganz klein werden (Abb. 54), der Tempel in fühlbarer Beziehung zum menschlichen Körpermaß bleibt.

Der Poseidontempel zeigt den archaischen Tempeln gegenüber etwas ganz Neues: Hier ist jeder Teil und das Ganze von einem einheitlichen Geiste durchdrungen, und es ist in einer großen Einfachheit ausschließlich das Wesentliche dargestellt. Es vollkommen darzustellen, sind *alle* Mittel der Verfeinerung angewendet und das überlieferte Schema ganz mit eigenem Leben erfüllt. Das Gelernte und das Gekonnte wird nirgends durch naiven Eifer ungewollt sichtbar, es verschwindet als Selbstverständlichkeit völlig hinter dem reifen Ernst, welcher auf höherer Stufe ein umfassenderes Wissen von Größe und Vollendung offenbart. Der Weg vom archaischen zu einem solchen gereiften Zustand ist mehr als eine einfache Entwicklung, hier muß etwas Neues aufgegangen sein. Die archaische Zeit ging ja selbst einem Endzustand, einer Erschöpfung entgegen, das zeigt in Paestum der Cerestempel, und von da ging kein Weg weiter, es sei denn, daß eine Wiedergeburt kam. Und diese kam in dem Aufbruch des Griechentums zu seinem reifen Dasein um die Zeit der Perserkriege, eine Zeit, in der alles Ererbte von neuem durchdrungen und im eigentlichen Sinne angeeignet und verwandelt wird. Wo früher die Begebenheiten von außen betrachtet und genau geschildert wurden, steht plötzlich die innere Beziehung, ein seelischer Zustand, in sich ruhend oder dramatisch bewegt. Auch die Architektur wird von diesem neuen Leben ergriffen, und es erscheint in Paestum in voller

Entfaltung am Poseidontempel. Was an der Basilika Zusammenstellen von
Einzelteilen, am Cerestempel Abgrenzung von außen her war, das ist beim
Poseidontempel Komposition um eine im Innern liegende Kraftmitte geworden.
Nur dadurch war es möglich, daß die entgegengesetzten Züge von Spannung
und Harmonie, obwohl einzeln wahrnehmbar, nicht als Kontrast gegeneinander,
sondern, sich ergänzend und durchdringend, miteinander das Bild des Tempels
beleben. Sie sind verwirklicht durch Mittel, welche nicht aus der Vorstellung
allein abzuleiten waren, sondern in welchen die Erfahrungen der Betrachtung
fertiger Werke verarbeitet sind. Dennoch ist hier nichts für den Betrachter
getan, denn alle Bemühungen gelten nur der vollkommenen Erscheinung des
Tempels im Ganzen, es wird nur ausgeglichen, was aus Eigentümlichkeiten
seines Wesens selbst entsteht, aber nirgends wird dieses einem vom Betrachter
aus bestimmten und losgelösten Begriff der Schönheit untergeordnet. Diese
Haltung gehört der kurzen Zeit der Höhe und der Vereinigung aller Kräfte
des griechischen Wesens an, welche sich im strengen Stil offenbarte. Die reife
Meisterschaft aber setzt eine längere Frist der Erfahrung innerhalb dieser
Epoche voraus. Ihrem Ende, aber ohne das leiseste Zeichen einer Minderung
der Kräfte, muß der Poseidontempel angehören, dem Jahrzehnt zwischen 460
und 450, einer Zeit des vollen und ganz ausgereiften Daseins, das doch die
Bindungen einer nicht vom Menschen bestimmten Ordnung erkannte.

Spannung und Harmonie, äußerste Straffung und ausschwingender Wohl-
laut bestimmen die Erscheinung des Poseidontempels, und in Paestum, ja
in ganz Großgriechenland konnte in unseren Zeiten allein dem Poseidontempel
das Bild des tönenden Baues gelten:

> Der Säulenschaft, auch die Triglyphe klingt,
> Ich glaube gar, der ganze Tempel singt.

So hat Goethe den Tempel gesehen. Und das ist wunderbar genug, denn sein
Bild vom Griechentum war ein ganz anderes und entgegengesetztes, und sein
Vorurteil – und ein wie mächtiges – mußte erst umgewandelt werden. Die Über-
wältigung, die ihn anfänglich in Paestum betraf, sah er nicht in der Überraschung durch etwas ganz Unerwartetes, sondern erklärte sie zunächst nur
durch die Wucht, welche ihm in solchem Ausmaß „lästig, ja furchtbar" erschien.
Goethe kam ja nicht nach Paestum, um griechische Tempel, sondern mehr um
griechische Säulenordnungen zu sehen, und darum verglich er sie auch mit den
ihm bekannten Verhältnissen. Aber wie unerwartet wirkt der Tempel in ihm

64

nach! Nicht die zu seiner Zeit geschätzten und uns ferngerückten späten Werke der antiken Kunst gehen in die lebendigen mythischen Szenen ein, sondern es ist der griechische Tempel, der ihren Raum mit seinem Wesen füllt:

> Blick auf! Hier steht, bedeutend nah,
> Im Mondenschein der ewige Tempel da.

Daß es der Poseidontempel ist, der hier fortwirkt, wird durch den Bericht über den zweiten Besuch in Paestum in der Italienischen Reise deutlich: „... Paestum selbst; es ist die letzte und fast möchte ich sagen herrlichste Idee, die ich nun nordwärts vollständig mitnehme. Auch ist der mittlere Tempel nach meiner Meinung allem vorzuziehen, was man noch in Sizilien sieht." Daß der Tempel in solchem Maße nachwirken konnte und der erste doch immer höchst bedeutungsvolle Eindruck weichen, daß alle Bildungserlebnisse vor ihm verblassen mußten, das liegt allein in der Vollkommenheit dieser Baukunst begründet.

Alles, was Architektur ausdrücken kann, ist hier gesagt. Daher können wir an den Tempeln von Paestum auch das Verhalten des Griechentums zur Welt – auf drei verschiedenen Stufen seiner Reife – erkennen. Persönliche Züge aber können in echte Baukunst nicht eingehen, und wir dürfen nicht vergessen, daß wir in den Tempeln nur die Häuser der Götter, nicht Bilder der Götter selbst haben. Wir können sie als Architektur begreifen, aber das ganze Leben des Heiligtums an ihnen allein nicht erkennen, das, was um sie bei Fest und Opfer, in Gebet und Einsicht geschah.

NEUE FORSCHUNGSERGEBNISSE IN PAESTUM

Die systematischen Grabungen seit mehr als zwei Jahrzehnten haben das Gesicht Paestums wesentlich verwandelt und erstmals Aufschluß gegeben über Platz und Rang, den die durch die drei großen Tempel bezeichneten Heiligtümer in der Stadt einnahmen. Danach scheint es heute, als sei der ganze Gürtel des Gebietes in der Mitte der Stadt und östlich der Heiligen Straße vom Bereich um die beiden großen Tempel bis hin zum Athenatempel eine locker zusammenhängende Heilige Zone gewesen, wohl nur von der Agora unterbrochen, die an der Stelle des späteren Forums zu vermuten ist.

Die großen Tempel stehen nicht mehr allein. Sie sind umgeben von einer großen Zahl kleinerer Tempelchen und Schreine, von Altären und Opfergruben, die das reiche Leben im Heiligtum vom 6. bis ins 4. Jh. und darüber hinaus bekunden. Dazu kam der große alte Altar des Poseidontempels in seinen Fundamenten ans Licht. Im Norden und Westen, längs dem als Heilige Straße bezeichneten Cardo der römischen Stadt, wurden Teile der Temenosmauer freigelegt. Ein Tempel italischen Ritus' südlich des Forums und daneben ein römischer Herkulestempel sowie weiter nördlich, 150 m vom nördlichen Heiligtum, ein unterirdisches Nymphenheiligtum aus spätarchaischer Zeit erweisen auch die Mitte der Stadt als geweihte Zone.

Die Baulichkeiten, die bei der Aufräumung um den sog. Cerestempel freigelegt wurden, sind aber wohl nur in engem Zusammenhang mit diesem zu sehen und bilden mit ihm zusammen ein Ganzes. So nicht nur der nun ganz freigelegte Altar, der mit dem Tempel in unmittelbarer Zugangsverbindung steht, sondern auch eine Votivsäule und ein etwas älteres Schatzhaus. Wesentlichen Aufschluß über die Frage nach der Dedikation der Tempel gab die große Menge von figürlichen Weihgaben, die in den Opfergruben nahe den Tempeln gefunden wurden. Danach darf heute das nördliche Heiligtum und sein Tempel als der Athena geweiht gelten.

Als wichtigste Gottheit des südlichen Heiligtums mit den beiden großen Tempeln wurde Hera nach der Anzahl der Votivgaben, die die Göttermutter darstellen, erkannt. So neigt man bisher dazu, beide Tempel, die Basilika und den Poseidontempel, als Tempel der Hera anzusehen. Mag das für die Basilika sicher angenommen werden, so ergeben sich für die Vorstellung eines zweiten monumentalen Heratempels Bedenken, zumal die Basilika bis in römische Zeit als Tempel diente. In einer Opfergrube des Poseidontempels fand sich aber – als das großartigste bisher in Paestum gefundene Bildwerk – eine monumentale aus farbigem Ton gebildete Sitzstatue, die nur Zeus darstellen kann. Sie entstammt jedoch spätarchaischer Zeit. Dieses Werk wie eine Anzahl anderer dort aufgefundener archaischer Votivgaben mag die Annahme stützen, daß in dem klassischen Tempel Zeus verehrt wurde und daß dieser Bau einen archaischen Vorgänger an gleicher Stelle ersetzt hat. Auch die Erforschung des Tempels selbst hat Fortschritte gemacht.

Nach einer Neuordnung der Umgebung der Basilika, des alten Heratempels, bei der die alte hügelförmige Anschüttung der Tempelfundamente wiederhergestellt wurde, wurde auch die Aufräumung des Tempelinnern fortgesetzt. Dabei wurde sichtbar, daß die Naosschmalwände ursprünglich mit ihren Achsen in der Verbindungslinie der Mitten der jeweils 5. Langseitensäulen von Osten und Westen lagen. Somit stand die östlichste Säule der Mittelsäulenreihe der Cella unmittelbar vor der Querwand (band also nicht in diese ein), weswegen sie in ihrem nach Osten gelegenen Viertel nicht kanneliert werden konnte. Das zu ergänzende westliche Gegenstück zu dieser Säule kann auch ein Pfeiler gewesen sein. Bei Grabungen im Cellainnern konnte erkannt werden, daß die zuletzt ausgeführte Anlage des Adytons als westlicher Abschluß der Cella nicht dem ursprünglichen Plan, sondern einer Abänderung (vgl. die Erhöhung des Pflasters) entstammt. Ursprünglich sollte sich auch nach Westen ein Opisthodom öffnen. Auch die Kenntnis des reichen Kapitellschmucks ließ sich noch erweitern: die Sandsteinkapitelle der Vorhallen- und Innensäulen tragen noch – sehr verwittert und kaum zu erkennen – Reste von großen Blüten, die die ganzen Echinoi überspannten und sich bei näherem Studium als Lotosblüten- bzw. als Lotos-Palmettenfolgen wiedererkennen ließen (Abb. 59,60). Auch Spuren der einstigen Bemalung, kräftiges Rot und Blau, haben sich in den Blattkehlen einiger Kapitelle erhalten.

Auch haben sich inzwischen die Fragen nach dem weiteren Aufbau des Tempels über dem Triglyphon weitgehend geklärt. Offenbar beschloß eine (möglicherweise doppelte) ionisch profilierte Sandsteinschicht als den ganzen Bau horizontal umlaufendes Glied den schichtenweisen Aufbau des Tempels. Ein eigens ausgebildetes Geison ist nicht anzunehmen, es fand sich davon auch keine Spur. Vielmehr wurde der Dachrand und dessen nötige Auskragung über den Unterbau mit einem mehrstufigen reich ornamentierten Terrakottaaufbau gebildet (Abb. 61, 62). Ihm gehören die Simakästen mit den straff gebildeten Löwenköpfen (Abb. 63) unter der abschließenden auskragenden, das Geison zugleich ersetzenden und bedeutenden, Dachrandplatte als ursprüngliche Form an. An den aufsteigenden Giebeln entsprechen mit Blumen bemalte Schalen den Löwenköpfen der Traufseiten an ganz entsprechend gebildeten Simen. Große frei gearbeitete Blüten – abwechselnd Lotosblüten und Palmetten (Abb. 64) –, die den ganzen Bau umlaufen, vermitteln gegen den freien Himmel. Kürzlich aufgefundene Fragmente einer großen Sphinx könnten von einem Eckakroter des Tempels stammen. Das mit plastischen freistehenden Ranken und Lotospalmetten verzierte Eckstück (Abb. 21–23) muß einem der anderen, kleineren Tempel angehört haben, so wie eine ganze Reihe von Elementen verschiedener anderer kleiner Dächer vom Reichtum der Ausstattung auch der kleinen Tempel und Schatzhäuser Kenntnis gibt.

Auch die Grabung und Aufräumung um den sog. „Cerestempel", der mit Sicherheit der Athena geweiht war, erbrachte neue Funde. Am wertvollsten sind zwei Kapitelle (Abb. 65) von den ionischen Vorhallensäulen, die durch ihre großen Formen ausgezeichnet sind: über einem hohem Kyma mit langen, kräftigen Eiern große, konvex profilierte Voluten. Die Seitenflächen sind streng in zwei Ebenen gebunden, deren Abstand dem oberen Säulendurchmesser gleicht, während die Nebenseiten des Polsters tief eingezogen sind. Die beiden Kapitelle gehören offenbar zu den beiden mittleren Säulen des Prostylos (Abb. 66). Der Architrav, den sie trugen, bleibt hypothetisch. Zwei Bruchstücke von Treppensteinen ließen – wie am Heratempel am Sele – Treppenhäuser rekonstruieren, die – in der verstärkten Türwand zwischen Pronaos und Naos angelegt – in den Dachraum führten.

Nachdem die unmittelbare Umgebung des Tempels von den störenden Überbauungen befreit und die künstliche Anschüttung des Terrains um den Tempel und Altar wiederhergestellt worden ist, so daß sie heute wieder auf eigenem Hügel zu stehen scheinen, wäre es noch wünschenswert, durch eine – nach den vorhandenen Fragmenten durchaus mögliche – Wiederherstellung einer Tempelecke im Gebälk (SW-Ecke) den Umriß des Aufbaus (Abb. 67) wieder besser anschaulich zu machen. Dieter Mertens

AUSGEWÄHLTE BIBLIOGRAPHIE
(und antike Quellen)

Die frühen Äußerungen über Paestum und seine Tempel sind gesammelt von

F. Furchheim, Bibliografia delle Isole di Capri e della Penisola Sorrentina, aggiuntavi la Bibliografia di Amalfi, Salerno e Pesto (1899).

und kritisch zusammengestellt bei

S. Lang, The Early Publications of the Temples at Paestum, in Journal of the Warburg and Courtauld Institutes (JWCI.) 13, 1950, S. 48–64.

Eine vollständige Bibliographie für die Jahre 1880–1940 bei

J. Bérard, Bibliographie Topographique des Principales Cités Grecques de l'Italie Méridionale et de la Sicile dans l'Antiquité (1911), S. 79–83.

Zu Goethes Verhältnis zu den Tempeln von Paestum:

H. Koch, Goethe und die Kunst des klassischen Altertums, in Zeitschrift für Aesthetik und allgemeine Kunstwissenschaft, 1932.
M. Wegner, Goethes Anschauungen antiker Kunst, (1944).
R. Herbig, Begegnungen Goethes mit griechischer Kunst in Italien (1948).

Zur Geschichte, vor allem der Gründungsgeschichte Paestums:

Allgemein:
J. Bérard, La Colonisation Grecque de l'Italie Méridionale et de la Sicile dans l'Antiquité, l'Histoire et la Légende (1957)
T. J. Dunbabin, The Western Greeks (1948)
M. Napoli, Civiltà della Magna Grecia (1969)
Speziell:
A. Maiuri, Origine e Decadenza di Paestum, in Parola del Passato (PP) 6, 1951, 274–86.

P. C. Sestieri, Ancora sulle Origini di Paestum, in Archeologia Classica (ArchCl.) 4, 1952, 77–80.

P. Zancani-Montuoro, Sibari, Poseidonia e lo Heraion, in Archivio Storico della Calabria e Lucania (ArchStorCalLuc.) 19, 1950, S. 65–84.

Über die Ausgrabungen seit 1945 berichteten:

P. C. Sestieri, in kurzer Form ab 1946 in den Fasti Archeologici (FA.), etwas ausführlicher:

ders., Ricerche Posidoniati, in Mélanges d'Archéologie et d'Histoire 67, 1955, S. 35–48.

B. Neutsch, Archäologische Grabungen und Funde im Bereich der unteritalienischen Soprintendenzen von Tarent, Reggio di Calabria und Salerno, Archäologischer Anzeiger des Deutschen Archäologischen Instituts (AA.) 1956, S. 373–444.

A. Maiuri, Scavi e Scoperte in Magna Grecia, Atti del VII Congresso Internazionale di Archeologia Classica (CIAC.), 1961, Bd. 2, S. 81–98.

Seit 1961 berichtet:

M. Napoli in den jährlichen Atti del Convegno Internazionale di Studi sulla Magna Grecia, Taranto.

Die Grabungsfortschritte gehen auch hervor aus den Führern:

A. Marzullo, Paestum (1933 und 1937).
P. C. Sestieri, Paestum (1956)
M. Napoli, Paestum (1970).

Allgemeine Betrachtungen zu den Tempeln:

M. Raphael, Der dorische Tempel (dargestellt am Poseidontempel zu Paestum), 1930.

Am ausführlichsten das grundlegende Werk von

R. Koldewey und O. Puchstein, Die griechischen Tempel in Unteritalien und Sizilien (1899).

Von der Gesamtpublikation, Die Tempel von Paestum, ist bisher erschienen:

Fr. Krauss, Der Athenatempel (1959)
Die Publikation der Basilika (des Alten Heratempels), von *Fr. Krauss* und
D. Mertens ist in Vorbereitung.

Zusammenfassende Äußerungen zu den Tempeln:

W. B. Dinsmoor, The Architecture of Ancient Greece (1950).
G. Gruben, Die Tempel der Griechen (1976).
G. P. Dilla, Greek Temples at Paestum (1931/2).
C. Lamb, Die Tempel von Pastum (1944).
B. d'Agostino, I tre Templi Maggiori di Poseidonia, in Studi Lucani 1, 1961, S. 3ff.

Zu einzelnen Bauten und einzelnen Problemen:

P. Griffo, I Capitelli della »Basilica« e del Tempio di Demeter a Paestum (1937).
V. Spinazzola, Le Arti Decorative in Pompei e nel Museo Nazionale di Napoli
(1928), S. 8. 9. 13.
H. Kähler, Das griechische Metopenbild (1949), S. 58, Taf. 52.
Fr. Krauss, Ein ionisches Kapitell von den Cellasäulen des Cerestempels in
Paestum, in Mitteilungen des Deutschen Archäologischen Instituts (MdI.) 1,
1948, S. 11–20.
P. C. Sestieri, Terrecotte Posidoniati, in Bollettino d'Arte (Bd'A.) 1963, S. 212–220.
P. C. Sestieri, Anastilosi di una Colonna Votiva a Posidonia, in Bollettino d'Arte
Bd'A.) 1953, S. 317–20.
W. Koenigs, Kapitelle mit Lotosblüten an der »Basilika« in Paestum, in Archäolo-
gischer Anzeiger (AA.) 1972, S. 438–40.

Zur Entwurfsplanung und den Proportionen der Tempel:

Fr. Krauss, Die Giebelfront des sog. Cerestempels in Paestum, in Mitteilungen des
Deutschen Archäologischen Instituts. Römische Abteilung (RM.) 46, 1931.
ders., Paestum, Basilika. Der Entwurf des Grundrisses, in Festschrift für Carl
Weickert (1955), S. 99–110.
H. Riemann, Zur Grundrißinterpretation des Enneastylos von Poseidonia, RM. 72,
1965, 198–208.
ders., Zum dorischen Peripteraltempel (1935).
H. Kayser, Die Nomoi der drei altgriechischen Tempel zu Paestum (1958).
R. Ross-Holloway, Architettura Sacra e Matematica Pitagorica a Paestum, in Parola
del Passato (PP.) 21, 1966, S. 60–64.

J.-P. Adam, Le Temple de Héra II à Paestum, in Revue Archeologique (RA.) 1973, S. 219–236.

Zu Fragen der Datierung und Typologie sowie der Dedikation der Tempel:

Th. Kluge, Studien zur Topographie von Paestum, in Classical Philology, 4, 1909, 57–75. (zur Dedikation)

P. C. Sestieri, Iconographie et Culte d'Héra a Paestum, in La Revue des Arts, 1955, S. 149–158. (Dedikation)

P. Zancani-Montuoro, Il Poseidonion die Poseidonia, in Archivio Storico della Calabria e Lucania 23, 1954, S. 165–85. (Dedikation)

P. Gilbert, Paestum et l'Egypte, in Phoibos 3/4 (1948/50), S. 21–34. (Typologie)

C. Gottlieb, The Date of the Temple of poseidon at Paestum, in American Journal of Archeology (AJA.) 57, 1953, S. 95–101. (Datierung)

S. Grunauer – von Hoerschelmann, Die Bronzeprägung von Poseidonia. Atti del III convegno del Centro Internazionale di studi numismatici, Supplemento al volume 18–19 degli Annali dell' Istituto Italiano di Numismatica, Roma 1973, S. 25–46.

TAFELN

1. Osttor mit Blick auf den Poseidontempel

2. Stadtgebiet: Südöstliches Viertel mit zwei Stadtmauertürmen

3. Stadtgebiet: Südwestliches Viertel und Nordwestecke der Basilika

4. Stadtgebiet: Südlicher Teil mit Poseidontempel und Basilika

5. Basilika: Der Tempel von Nordosten

6. Basilika: Der Tempel von Osten

7. Basilika: Der Tempel von Nordwesten

8. Basilika: Osthalle nach Norden

9. Basilika: Nordhalle nach Westen

10. Basilika: Nordante von Südosten

11. Basilika: Südschiff der Cella nach Osten

12. Basilika: Inneres nach Osten

13. Basilika: Westseite von Südwesten

14. Basilika: Kapitell der südwestlichen Ecksäule

15. Basilika: Kapitell der nordwestlichen Ecksäule

16. Basilika: Kapitell der dritten Westsäule von Süden

17. Basilika: Kapitell der Mittelsäule der Westfront

18. Basilika: Südwestecke

19. Basilika: Älterer Terrakottalöwe

20. Basilika: Jüngerer Terrakottalöwe

23. Eckstück der Sima

25. Älteres Terrakottaglied

22. Älteste Sima

21. Älteste Sima

24. Jüngeres Terrakottaglied   Basilika

26. Der Cerestempel von Süden

27. Der Cerestempel von Westen

28. Der Cerestempel von Westen

29. Der Cerestempel von Südosten

30. Der Cerestempel von Nordosten

31. Der Cerestempel von Osten

32. Cerestempel: Inneres nach Westen

33. Cerestempel: Nordhalle nach Westen

34. Cerestempel: Nordwestecke von innen

35. Cerestempel: Ostende der Südseite

36. Cerestempel: Kapitelle der Ostseite

40. Triglyphe

39. Deckplatte des Frieses

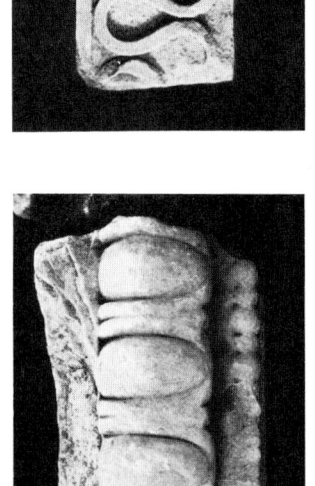

38. Eierstab vom Gebälk

Cerestempel

37. Traufsima

41. Der Poseidontempel von Norden

42. Der Poseidontempel von Osten

43. Der Poseidontempel von Nordosten

44. Der Poseidontempel von Südwesten

45. Der Poseidontempel von Westen

46. Poseidontempel: Mittelschiff der Cella nach Westen

47. Poseidontempel: Ausblick aus der Cella nach Osten

48. Poseidontempel: Südwestante

49. Poseidontempel: Nordhalle nach Westen

50. Poseidontempel: Inneres nach Osten

51. Poseidontempel: Nördliche Säulenreihe in der Cella

52. Poseidontempel: Westende der Südseite

53. Poseidontempel: Gebälk der äußeren und inneren Westfront

54. Poseidontempel: Südwestecke

55. Poseidontempel: Südseite nach Osten

56. Der Poseidontempel von Süden aus der Basilika

57. Poseidontempel und Basilika von Nordwesten

58. Blick auf Poseidontempel und Basilika

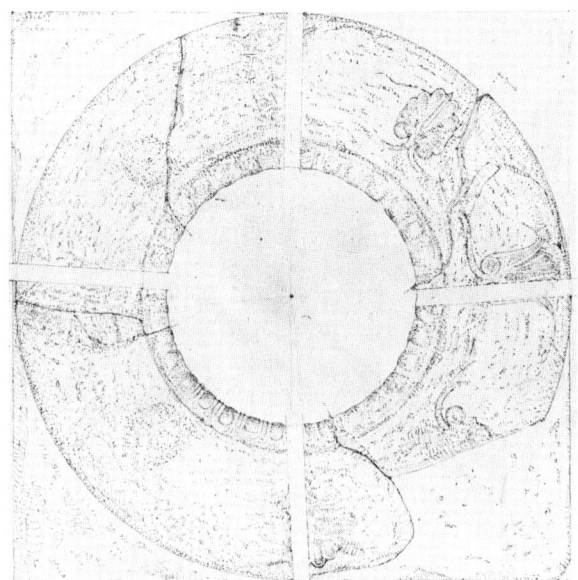

59. Basilika: Kapitell der ersten Mittelsäule von Osten

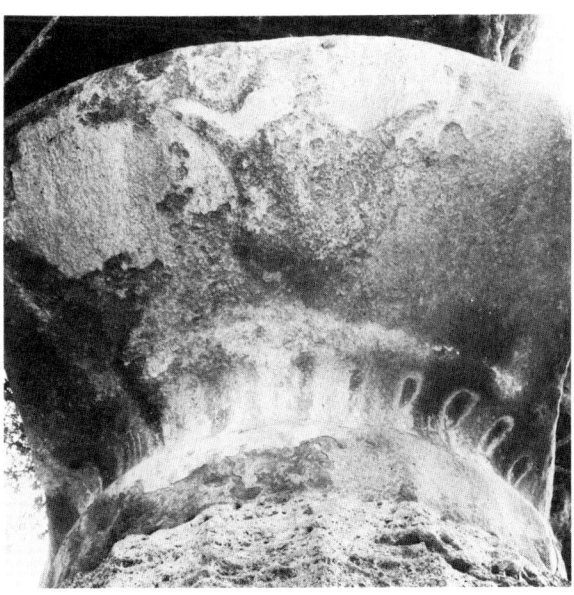

60. Basilika: Kapitell der zweiten Mittelsäule von Osten

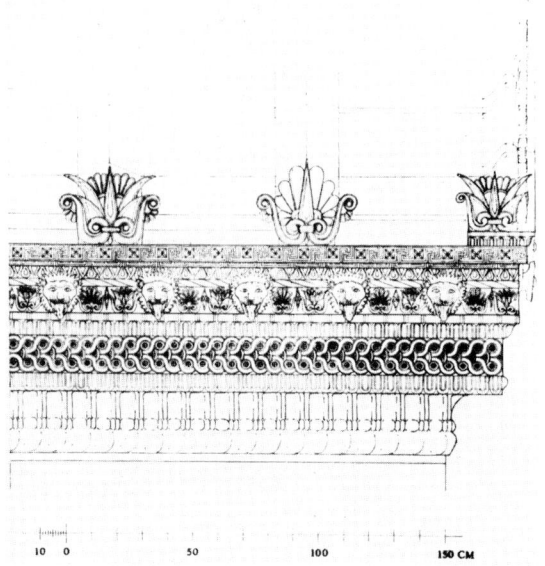

10 0   50   100   **150 CM**

61. Basilika: Rekonstruktion des Dachrandes

62. Basilika: Dachrand

63. Basilika: Sima mit Löwenkopf

64. Basilika: Blütenantefix

65. Athenatempel: Ionisches Kapitell der Vorhalle

66. Athenatempel: Vorhalle, Rekonstruktion

67. Athenatempel: Nordwestecke, Rekonstruktion